Primeira Vista

Dados Internacionais de Catalogação na Publicação (CIP)
(Câmara Brasileira do Livro, SP, Brasil)

Freeman, Laurence
  Primeira vista : a experiência da fé / Laurence Freeman ; tradução de Roldano Giuntoli. – Petrópolis, RJ : Vozes, 2012.
  Título original inglês: First sight : the experience of faith
  ISBN 978-85-326-4360-5
  1. Espiritualidade 2. Experiência religiosa 3. Fé 4. Religião 5. Vida cristã I. Título.

12-03074   CDD-248.2

Índices para catálogo sistemático:
1. Experiência da fé : Cristianismo   248.2

LAURENCE FREEMAN

PRIMEIRA VISTA
A EXPERIÊNCIA DA FÉ

Tradução de Roldano Giuntoli

EDITORA
VOZES

Petrópolis

© 2011, Laurence Freeman

Título original inglês: *First Sight – The Experience of Faith*

Direitos de publicação em língua portuguesa – Brasil:
2012, Editora Vozes Ltda.
Rua Frei Luís, 100
25689-900 Petrópolis, RJ
Internet: http://www.vozes.com.br
Brasil

Todos os direitos reservados. Nenhuma parte desta obra poderá ser reproduzida ou transmitida por qualquer forma e/ou quaisquer meios (eletrônico ou mecânico, incluindo fotocópia e gravação) ou arquivada em qualquer sistema ou banco de dados sem permissão escrita da editora.

Diretor editorial
Frei Antônio Moser

Editores
Aline dos Santos Carneiro
José Maria da Silva
Lídio Peretti
Marilac Loraine Oleniki

Secretário executivo
João Batista Kreuch

Editoração: Maria da Conceição B. de Sousa
Projeto gráfico: Sheilandre Desenv. Gráfico
Capa: Continuum
Fotografia da capa: Laurence Freeman
Artefinalização: Érico Lebedenco

ISBN 978-85-326-4360-5 (edição brasileira)
ISBN 978-1-4411-6157-4 (edição norte-americana)

Editado conforme o novo acordo ortográfico.

Este livro foi composto e impresso pela Editora Vozes Ltda.

Para
Anne, Jack, Sean, Kieran, Aidan, Liam e Aisling.

Possas ter a fé que depende de ti e é dirigida a Deus, de modo que, também, possas receber de Deus aquela fé que transcende a capacidade humana.
São Cirilo de Jerusalém

Precisamos ser fiéis. Precisamos aprender a ser fiéis.
John Main

Surgem as amizades porque vivemos todos por meio da fé, apesar da diversidade de nossas crenças.
Ramon Pannikar

SUMÁRIO

Introdução, 9

1 O entendimento da fé, 25

2 Processo e estilo de vida, 51

3 O poder da fé, 75

4 Estágios da fé: purgação, 95

5 Estágios da fé: iluminação, 121

6 Estágios da fé: união, 143

7 A fé cristã, 181

8 A unidade, 221

Posfácio, 243

Começando a meditar, 247

Sugestões de leitura, 267

Introdução

Quando começa uma jornada de fé? No útero, antes que se inicie a conceituação, assim que experimentamos um relacionamento pela primeira vez? Ou, tal como Santo Agostinho e outros dentre os primeiros pensadores cristãos especulavam: antes mesmo da concepção? Em todo o caso, os primeiros estágios de nossa jornada de fé assumem forma em meio às brumas das origens desconhecidas de nosso eu, a partir do funcionamento imperfeito da memória.

Estava sentado em uma sala de aula, com meus colegas de classe, esperando pela primeira aula de religião do novo ano letivo. Tivéramos sucesso em fazer com que o professor de religião do ano anterior fosse dispensado, com aquilo que, dentro da crueldade de nossa idade, esperávamos que tivesse sido uma crise nervosa dele. Ele nos mostrara sua fraqueza e, sem remorsos, nós a exploramos e nos amotinamos. Embevecidos com o sucesso, já imaginávamos que o novo professor dessa matéria suave seria uma vítima parecida. Incentivava-nos saber que ele era "apenas um Irmão", Irmão John, que ainda não era sacerdote. É claro que os sacerdotes não estavam isentos da nossa guerra pelo domínio da sala de aula, mas era preciso ter mais cuidado com eles.

Quando o Irmão John entrou na sala, todos os olhares se fixaram nele, buscando medir-lhe a dimensão de homem naqueles poucos momentos vitais, que em grande parte determinam o futuro dos relacionamentos na vida. Ele sorria, e isso nos surpreendeu, pois ele não demonstrava qualquer temor ou nervosismo, que era o que esperávamos do novo professor. Era como se ele já nos conhecesse, entendesse e aceitasse com todas as nossas falhas. Irmão John era alto, sempre pronto a ajudar, assumindo papéis de liderança e, desde o primeiro instante, dava mostras de ser competente e pronto para assumir o controle. Com o início da aula pudemos ver e admirar seus modos; amigáveis, mas desapegados. Mais tarde me contou que o segredo de ensinar numa escola era o de tratar as crianças como adultos, na extensão em que lhes era possível aceitar isso, sem jamais esquecer que eram crianças. Muitos anos depois, ao me encontrar com velhos amigos da mesma classe, relembramos desse momento e, surpreendentemente, muitos também se lembravam da história que ele contara acerca da Sra. Jones e de seu novo refrigerador. Penso que ela se destinava a ilustrar o significado da idolatria. Seu estilo de ensino procurava fazer com que suas estórias permanecessem nas memórias de seus alunos por décadas.

Ao longo dos poucos anos seguintes cheguei a conhecer Dom John, como costumávamos chamá-lo depois de ter sido ordenado. Nós o considerávamos mais sofisticado do que os outros monges e, ainda que ele nos fizesse seguir as regras, por mais triviais que algumas pudessem parecer, fazia-o com ironia. Sabíamos que ele desaprovava punições físicas, o que o colocava ao lado dos revolucionários. Nas refeições eu frequentemente me sentava perto dele, permitindo-nos discutir com ele acerca de política e de religião. Nosso pequeno grupo de rapazes se surpreendeu, alguns até ficaram chocados, numa ocasião em que ele nos disse não ver nada de errado em um líder de governo ser ateu.

Ao final de meu último ano letivo eu lhe disse que iria passar um ano nos Estados Unidos. Ele me convidou a visitá-lo em Washington, onde iria assumir o posto de diretor de uma escola beneditina. Anos depois, dei-me conta de que aquela mudança representou um período de grande sofrimento para ele, mas não deu a mínima demonstração disso. Percebi o fato quando me disse que eu seria bem-vindo se fosse visitá-lo. De minha parte, eu só estava feliz em ter um contato amigo numa nova terra. Porém, esqueci de anotar seu endereço. Levado pelas ondas de minha recém-descoberta liberdade, provavelmente nunca me daria ao trabalho de entrar em contato com ele para consegui-lo. Porém, ao deixar o prédio da escola pela última vez, por sorte, à porta, encontrei-me com ele, que estava entrando. Desejou-me sucesso, e, então, lembrei-me de anotar seu endereço em um pedaço de papel, que guardei com meu novo passaporte, assim que cheguei a casa.

Desde então, frequentemente penso em como pequenos e fortuitos incidentes dão forma ao quadro geral de nossas vidas.

Minha geração amadureceu a consciência no rescaldo dos piores pesadelos do século XX. Tendo nascido no ano em que acabou o racionamento do período de guerra, lembro-me, quando menino, de ter visto os locais em que Londres havia sido bombardeada e que ainda esperavam pelo surto de desenvolvimento, e de ouvir histórias dos sobreviventes da guerra, percebendo, mesmo àquela altura, que para muitas pessoas aqueles períodos traumáticos haviam sido os mais vívidos de suas vidas. Por um breve período, antes do ressurgimento econômico, também experimentei o verdadeiro significado da austeridade: os prazeres de baixo custo e racionalizados que precederam nossa era de extravagância, poluição e desperdício. O Holocausto também começava a encontrar seus narradores e, à medida que suas histórias penetravam nossa autoconfiança cultural por meio de livros, filmes e estudos acadêmicos, essas recordações frescas abalaram nossa crença nas convenções da civilização. A geração de nossos pais havia gerado a barbárie. Com o poderio dos Estados Unidos, o mundo começou a deixar seu passado para trás. Entretanto, mal houve tempo para que nos recuperássemos de duas guerras mundiais antes que as sombras da Guerra Fria caíssem sobre nós, com sua paranoia, a insanidade e a inanidade da corrida armamentista.

Os anos de 1960 chegaram como um grande alívio, livrando-nos do passado com um novo idealismo e confiança ilimitada no futuro. Nossa geração não era responsável pelos horrores perpetrados sob a tutela daquela que nos precedeu. Nós estávamos livres disso, livres da história, livres para explorar e desfrutar o mundo e suas maravilhas. Olhando para trás, tudo parecia desgraça e tristeza, com alguns lances de glória e heroísmo captados por Hollywood. Porém, ao olharmos à frente, havia a ciência e a tecnologia, que iriam nos libertar do mito, resolver nossos problemas e responder às nossas perguntas. Acima de tudo estava a abundância e, especialmente para os adolescentes dos anos de 1960, uma nova e intoxicante liberdade sexual. Estudando literatura, eu podia sentir que os primeiros românticos eram nossos contemporâneos e que o futuro era um novo e convidativo país:

> Era uma bênção estar vivo naquela alvorada,
> Ser jovem, então, era o próprio paraíso! – Oh!
> Tempos,
> Em que as maneiras antigas, escassas e proibitivas

Dos costumes, da lei, e dos estatutos levaram de uma só vez
Aos atrativos de um país que vive o romance!
(WORDSWORTH. *A Revolução Francesa tal como de início foi vista por seus entusiastas*).

Nós éramos os novos românticos, até mesmo mais atrevidos. Tal como aconteceu com Wordsworth, nossa geração sentiu-se traída por essas esperanças de uma nova ordem social. Nossa euforia com a libertação dos tentáculos do passado nos conduziu de algum modo para novas formas de repressão. Previsivelmente a geração seguinte obedeceu cegamente à lei do pêndulo. Muitos jovens de hoje, caso sintam algum nível de envolvimento com questionamentos políticos, tendem para o lado da segurança e do conservadorismo, em prejuízo do idealismo. Uma nova sensação de impotência cresceu entre nós. As forças da globalização, as alavancas ocultas do poder que estão por trás do espetáculo da democracia nos fazem sentir que há muito pouco ao nosso alcance para que possamos fazer diferença. A desconstrução dos serviços sociais acompanha um isolamento no sentido de uma maior privacidade do eu. Recentemente, no salão de recepção de uma casa de espetáculos, vi um grupo de pessoas dançando ao som de músicas que ouviam de fones de ouvido, que cada um deles estava usando.

Esse conservadorismo perdido e individualismo desconectado frequentemente também se refletem no gosto pela religião. Um de meus alunos norte-americanos me surpreendeu com sua atração, senão paixão, pelo ritual e pela parafernália tridentina. Ele amava todos os detalhes resgatados da antiga liturgia: colocar a sobrepeliz, servir à bênção, a oscilação do turíbulo e aprender os hinos em latim. Esses foram os prazeres religiosos de minha própria infância, mas não pude deixar de sentir que eles tinham um significado diferente para aquele aluno. Para mim eles representavam algo passado, mas para ele tratava-se de uma atualidade restaurada, conscientemente. O sacerdote que celebrava esse tipo de liturgia acolhia o envolvimento de um rapaz desse tipo, inteligente e de boa índole; então, para sua surpresa e desapontamento, o sacerdote descobriu que o aluno havia pulado o primeiro passo para se tornar católico, e não parecia pensar que isso fosse particularmente necessário. Para o sacerdote, esse era um erro sério. A missa e as regras da Igreja haviam sido desrespeitadas. Para o aluno, que se escorava na escolha e na diversidade, essa era uma entre as muitas maneiras que via seus sentimentos religiosos serem explorados. O tradicionalismo pós-moderno, para aqueles que cresceram com ele e rezam pela sua restauração, frequentemente não é o que aparenta.

Escrevi um livro acerca da fé, mantendo em mente esse tipo de jovem que busca, mais do que o sacerdote de visão retrógrada: uma pessoa jovem, amiúde sem raízes, mas que está procurando por raízes que lhe sustentem o crescimento, um produto da atualidade, ainda que sinta que aquilo que está buscando possa ser encontrado nos baús dos tesouros da tradição, que foram relegados aos porões ou aos sótãos da arquitetura social que formou essa pessoa. Também escrevi este livro sobre a fé, com fé nos jovens. Os jovens meditantes de nossa comunidade me ensinaram muito do que se encontra nas páginas que se seguem. Eles me deram esperanças e expectativas para compensar a minha desilusão com a história recente. Ainda que esta obra não alcance muitos de sua faixa etária, poderá despertar o interesse de outros que trabalham com os jovens e que se preocupam com a geração que agora herda o material com o qual eles escreverão o próximo capítulo do livro da humanidade.

Após a Guerra Fria chegou o triunfo absoluto de uma das duas ideologias que competiam entre si. Logo ficou claro que nem o capitalismo nem o comunismo tiveram proponentes sinceros. Todos os tipos de idealismo foram corrompidos, e as antigas virtudes pareciam bizarras em um mundo no qual a avareza era boa e a riqueza podia ser invocada nos computadores. Descobrimos que a palavra "liberdade" havia sido esvaziada. Passou a significar: faço tudo o que quiser. Uma vez que o Ocidente capitalista ganhou a guerra, um surto de consumismo afogou a linguagem do idealismo, que sofreu mutação para um vocabulário que justifica refinados meios de exploração e injustiça, tais como os da teoria intitulada *rising tide* (alta da maré). Quanto maior a prosperidade criada, maior o gotejamento dela decorrente, de modo que todos se elevem felizes. Todavia, à medida que a maré se elevou ficou evidente a quantidade das pessoas que foram deixadas para trás, na lama. O abismo que separa ricos e pobres, tão antigo quanto qualquer economia monetária, ganhou novas proporções de desigualdade. O discurso social, isto é, a maior parte dos temas dos noticiários que não se referem a crimes sexuais ou às celebridades, foi dominado pela "economia", bem como pelo comentário político, focalizando a personalidade e a eficácia do viés jornalístico, em prejuízo do conteúdo. Esse ambiente de individualismo, consumismo e das frases de efeito rapidamente (tudo aconteceu rapidamente) se tornou a matriz de uma nova moralidade subjetiva, de um decrescente senso da virtude e do significado. De fato, foi o presságio de um encolhimento da alma coletiva, que tende a um hiperindividualismo fantástico, tal como foi ilustrado de maneira infame por Margaret Thatcher, que acreditava que "sociedade é algo que não existe". Assim como o conselho para que comessem bolo, que Maria Antonieta deu aos pobres que não tinham pão para comer, isso dramatizou um extremo da aberração social.

Pouco depois quebraram-se os diques que represavam a maré da realidade, e a era da avareza naufragou em seu próprio sucesso. No processo de reconstrução está nascendo um novo mundo. Mudam os centros de gravidade, da cultura e da economia. O futuro é incerto, mas temos uma oportunidade de fazer melhor. Quando somos atingidos pela crise, ninguém lhe dá as boas-vindas, porque ela envolve uma perda do controle que nos amedronta e desorienta. Porém, é a partir das profundas fissuras que se abrem em um terremoto que podem surgir novas maneiras de ver as coisas, ressurgências da sabedoria.

Os primeiros monges da tradição cristã, os Pais e as Mães do Deserto, do quarto e do quinto séculos, fugiam do colapso de um império. Eles deixavam a turba para buscar a Deus e aprender a rezar em um estilo de vida de simplicidade, solitude e comunidade radicais. Seu discernimento psicológico da busca humana pela plenitude, aquilo que São Bento chamava simplesmente de "buscar a Deus", levou-os a categorizar alguns estados mentais que, de maneira inteligente, chamaram de demônios. Esses "oito defeitos principais" mais tarde foram domesticados como os "sete pecados capitais". Na situação atual, esse antigo, mas arquetípico sistema cristão de autoconhecimento e de autocorreção, é particularmente útil, porque possui o tipo de racionalismo pragmático que tornou o budismo tão atraente. Os Monges do Deserto não abandonaram os cabelos. Eles não contavam quantos anjos podiam dançar sobre a cabeça de um alfinete. Eles não procuraram restaurar uma liturgia antiga. Ao invés de inculcar a culpa e a desaprovação, sua moralidade era terapêutica e propunha remédios.

A distinção que eles fizeram, por exemplo, entre a *gula* e a *avareza*, ajuda-nos a enxergar com maior clareza, numa cultura pautada, de um lado, por obesidade, vício e excessos, e, de outro, por endividamento universal e bonificações estratosféricas para os banqueiros. Numa era em que a pornografia é uma indústria global, a *luxúria* possui uma importante significação. Como sempre, a *inveja* pode determinar diretrizes políticas, tanto quanto fatos e estatísticas. A *ira* está excessiva em novas intensidades: desde os videogames, no consumo excessivo de álcool e na violência contra a infância, até o terrorismo internacional, contra transeuntes ou contra trabalhadores voluntários em solo estrangeiro. Numa sociedade em que a depressão alcançou níveis endêmicos, a melancolia busca, cada vez mais, sua cura, tanto na meditação quanto na medicação. A acídia, que foi deixada de lado em trabalhos mais tardios da sabedoria do deserto, não se encontra distante de nós: uma sede torturante pelo inatingível e um descontentamento com aquilo que temos. A *vaidade* é o demônio da celebridade e o *orgulho* é o calcanhar de aquiles de uma cultura do narcisismo.

Olhando dessa maneira, nossos tempos não são tão diferentes dos tempos passados; porém, esse roteiro que os seres humanos representam desde o começo dramatiza-se em uma nova e maior escala. Temos, portanto, um potencial muito maior de prejudicar e de causar danos ao nosso futuro. Em nossa tentativa de nos tornar plenamente humanos e alcançar a felicidade, frequentemente negociamos nossa herança por um "prato de sopa", tal como Esaú, que abriu mão de seu direito de progenitura pelo cozido de lentilhas. Aqui também não há nada de novo, com exceção, e isso traz novos perigos, para o enfraquecimento da consciência do significado de felicidade e de plenitude, do que somos capazes e da perda de uma linguagem comum acerca do que estamos perdendo. A identidade é uma preocupação intensa do nosso tempo. Ela provoca inúmeras guerras étnicas e locais. A sensação de se estar perdendo a identidade pessoal e o significado que ela dá à vida debilita a saúde mental de uma parcela crescente da sociedade ocidental. À medida que nos aproximamos da nova era da bioengenharia, torna-se crucial mantermos a mais óbvia de todas as qualidades humanas: a percepção do que significa "ser humano".

Toda essa história recente, a ansiedade e a confusão que sentimos acerca do futuro nos levam à questão da fé.

Esta é a razão pela qual sinto que a exploração do significado desse pequeno monossílabo poderá nos ajudar a recuperar o foco. Poderá clarear a nossa crise e revelar não apenas seus perigos, mas suas oportunidades. O entendimento da fé reconecta uma cultura de imediatismo frenético com a paz do momento presente, mediante os recursos doadores de vida que temos como herança. Eu gostaria de dizer que na fé tratamos de uma maneira de ver as coisas e, consequentemente, de uma maneira de viver. Certamente não esgotarei o seu significado nas páginas que se seguem. Porém, talvez ofereça alimento para o pensamento que levará ao trabalho ainda mais transformador daquilo que os Monges do Deserto chamavam meditação: a "oração pura", ou "deixar de lado todos os pensamentos".

A fé, tal como a entendo, significa uma jornada imprevisível, mais do que um valor de conteúdo fixo. Trata-se de uma capacidade inata de humanidade, que faz acontecer o crescimento e o desenvolvimento. Assim como crescemos, também cresce a fé, e será maior o nosso crescimento se exercitarmos essa capacidade. Necessitamos de mais fé, e não menos, para as jornadas da educação, do casamento, da amizade, da participação social, e da jornada interior da meditação, que são diferentes, porém, amiúde interligadas. Todos esses são aspectos de nosso desenvolvimento humano, entre o nascimento e a morte, por meio de muitos microciclos de morte e de renascimento em direção à libertação final do ciclo: a grande ressurreição. Todos esses aspectos tanto demandam quanto aprofundam a fé. Esta é misteriosa porque se trata de uma energia renovável de expansão em uma escala da autotranscendência que flui do pessoal para o cósmico.

Mas, quando é que uma jornada tem início? Tal como fazemos com um mapa, dependendo do que estejamos procurando, olhamos as coisas de diferentes maneiras. Caso estejamos procurando por um posto de gasolina, não estaremos muito interessados em monumentos antigos. Porém, numa jornada de vida os estágios que atravessamos adquirem *status* canônico. Outros olhos poderão considerá-los eventos sem importância. Para nós, eles acontecem para serem vistos como marcos da maior importância, cujos significados não cessaremos de sondar, e que reviveremos, caso tenhamos tempo, na hora da morte. Eles se interligam na memória e na imaginação para formar um padrão que nós transformamos em uma história. (Para mim, a meditação é um desses padrões.) Eles formam histórias que frequentemente comunicam significado mais do que comentários. Assim, eu ofereço um pouco de alívio nesses capítulos acerca da busca do significado da fé a partir da recordação de alguns de meus próprios marcos no caminho da meditação, que é, eminentemente, um caminho de fé.

Laurence Freeman, OSB
Ilha de Bere, outubro de 2010.

1

O ENTENDIMENTO DA FÉ

Durante a agitada primeira semana na universidade às vezes recebia mensagens de meu irmão que estava na Austrália. Então, chegou-me uma urgente, do escritório do capelão, que dizia que ele estava tentando me encontrar. Imaginei que não deviam ser apenas votos de boa-sorte. Naqueles dias que antecediam a era do telefone celular precisávamos ir a uma cabine telefônica que se situava na velha e estreita passagem abobadada, que ligava o quadrilátero novo ao medieval. Era uma noite escura e chuvosa de outono. Não conseguia resposta de casa; assim, liguei para uma prima que, ao respirar fundo quando ouviu minha voz, fez-me entender que eu estava prestes a receber más notícias. Logo que ela me contou, meus joelhos cederam, coisa que nunca me havia acontecido antes, e eu caí ao chão.

Após o funeral de minha irmã voltei a Oxford e procurei me recuperar e acompanhar meus estudos. Foi bom ter aquele desafio, mas por baixo do afã das atividades corria um rio de profundo pesar e, talvez, houvesse ainda uma mais profunda inundação de ausência de significado. Devo ter escrito ao Padre John em Washington acerca dessas emoções que me confundiam e, frequentemente, tomavam conta de mim, porque depois de alguns meses ele me perguntou se eu gostaria de passar a Páscoa no mosteiro. Mais tarde dei-me conta de que ele estivera um pouco preocupado com meu equilíbrio mental.

Tanto ele quanto outros monges em Washington foram muito gentis. Jamais havia antes percebido o lado humano da vida monástica e isso, suponho, iria me influenciar; todavia, foram as conversas com Padre John em seu escritório da escola que mais importaram. Apesar de sua agenda atarefada, encontrava tempo para mim. Ele havia sido recém-designado diretor da escola e lidava com múltiplas crises, mas nunca me dei conta disso, pois ele estava sempre completamente focado, atento e presente. Devemos ter falado de tudo, desde meus sentimentos mais imediatos até as questões maiores sobre Deus e a vida, mas não consigo me lembrar dessas conversas.

Recordo-me de uma conversa que terminou com ele me ensinando a meditação. Em muito poucas palavras, expressadas de maneira leve, irrigou minha mente perturbada com esses ensinamentos. Não dava a impressão de estar dizendo que eu deveria meditar, ou mesmo que isso seria bom para mim. Ele apenas me disse como fazê-lo. Ainda que estivesse lendo litera-

tura mística de modo muito eclético, e já devesse ter me deparado frequentemente com a meditação, tratava-se de uma revelação completamente nova para mim. Não fazia a menor ideia do seu significado. Aparentemente, minha busca intelectual havia me preparado muito pouco para a prática.

Estava intrigado, mas não conseguia entender o porquê. Tentei meditar, mas com o mesmo resultado que tive quando meu irmão mais velho me empurrou para o lado mais fundo da piscina, para me ensinar a nadar. Sugeri várias vezes ao Padre John para meditarmos juntos, mas não me lembro de ter feito isso naquela época. Ele deixara a semente, para que ela crescesse no seu devido tempo. E, lentamente, isso aconteceu. Ao voltar para Oxford, sentia-me mais bem preparado, e praticava um pouco de meditação sempre que me sentia deprimido ou que não tivesse nada melhor para fazer.

Voltaria a me encontrar com Padre John na sua volta a Londres, durante os períodos de férias. Descobri uma forte afinidade no humor e nos interesses, e aprendi muito apenas por estar com ele. Certa vez, em bom estilo beneditino inglês, havíamos terminado de almoçar em seu clube, em Pall Mall, e estávamos nos despedindo de pé sobre o pavimento exterior. Ao apertarmos as mãos aconteceu entre nós uma troca ou transmissão silenciosa. Penso que um indiano, ou mesmo um discípulo contemporâneo de Jesus, poderia ter chamado isso de uma iniciação por meio de um vislumbre. Foi silenciosa, impos-

sível de ser analisada e, no entanto, revelou, em um momento novo, de uma nova maneira, algo que sempre estivera ali.

Atualmente, muitos de nós sentimos que vivemos em uma "era secularizada". Por um processo longo e complexo isso se segue a uma "era de fé". Em si, o significado de uma era de fé é problemático: provavelmente possa significar uma sociedade e uma cultura religiosa na qual havia um consenso geral acerca de crenças e da moral. Isso, assim reza a história, foi erodido pelas irrefreáveis forças da Modernidade: árduas conquistas de liberdades sociais, um novo senso de identidade, tecnociência, educação, intercâmbio com outras culturas, tudo isso no sentido de esgotar a autoridade espiritual da religião institucionalizada. No entanto, será que esse entendimento de nossa cultura moderna é exato, ou mesmo útil? A resposta tem importância pessoal para a paz de espírito e para o estilo de vida de muitas pessoas: são os valores pelos quais vivemos. Isso não interessa apenas a filósofos e teólogos sociais. Por mais que a grande nave da religião possa estar afundando, continuamos a ter carências e aspirações espirituais. Se entendermos que a religião possui uma frota, em vez de apenas uma nave de batalha, poderemos compreender como certos tipos de religião do passado estão desaparecendo, mas outras formas religiosas estão sendo construídas. Esta geração vive o tempo da transição. Ainda que estejamos sofrendo a insegurança desses tempos, também desfrutamos o entusiasmo de testemunharmos algo novo que toma forma e, também, a responsabilidade na contribuição para a direção em que nos movemos.

Ainda buscamos nos tornar inteiros. É intrínseco à identidade humana que, por maiores que sejam nossas conquistas, nunca estamos satisfeitos. Sentimos fome e sede daquilo que está além de nossa compreensão, e até mesmo daquilo que está além do horizonte de nossos desejos. A religião e a espiritualidade, que são menos fáceis de divorciar do que pensávamos, são os elementos da cultura que lidam com esse desejo que está além dos desejos. Para onde estamos sendo levados? Onde é que precisamos redefinir as velhas condições pelas quais tentamos nos compreender a nós mesmos nessa aspiração pela inteireza?

Será que secular, por exemplo, significa sempre isento de fé?

*

A melancolia e a autoflagelação da religião convencional e a dramática e preocupante escalada do fundamentalismo religioso são as manchetes; todavia, também existe um outro tipo de religião que toma corpo à nossa volta e que penso ser mais significativo. Trata-se do ressurgimento da dimensão contemplativa, na verdade, do coração, da religião, em uma escala sem precedentes. Ela sempre esteve presente, comumente marginalizada, às vezes perseguida, surgindo regularmente em determinados períodos para desafiar o esclerosamento e limpar as artérias da religião. Os sufis do islã e os místicos do cristianismo falam a seus descendentes espirituais de hoje como se fossem nossos contemporâneos. Na verdade, em certo sentido, eles são. Ainda que precisemos nos adaptar à sua linguagem e a pensamentos historicamente condicionados, a essência do que eles nos deixaram não obsolesceu. Isso não é de surpreender, pois aquilo com que se ocupavam e que nos comunicaram é atemporal.

> A luz interior está além do louvor e da culpa, assim como o espaço não conhece limites; ainda assim, está aqui mesmo, em nosso interior, na eterna manutenção de sua serenidade e plenitude. Só quando a caçamos é que a perdemos. Não podemos nos apoderar dela, mas, igualmente, não podemos nos livrar dela (Yung-Chia-Ta-Shih[1], século VII).

> Jesus Cristo é o mesmo de ontem, de hoje e de amanhã (Hb 13,8).

---

1. Mestre chinês do zen-budismo, discípulo direto do sexto Patriarca Hui Neng [N.T.].

Atualmente, à medida que as formas tradicionais de religião passam por mutações, e essa mudança não pode ser medida apenas pela frequência aos locais de culto, a espiritualidade se expande exponencialmente. O que indica uma intensificada busca por uma forma de consciência religiosa que surge a partir de e se relaciona com preocupações pessoais e nossa vida cotidiana. Ansiamos por uma experiência religiosa que surja da verdade que nos habita, de nosso eu mais real. No entanto, sabemos intuitivamente que essa experiência interior deve estar relacionada e ser benéfica aos outros e a todos os aspectos de nossa própria humanidade. Caso a experiência se torne autocentrada, ela se degenera. Do mesmo modo que o eros, caso não se expanda no momento devido para o ágape, lentamente morre ou se torna violento. O "espiritual" que não se move em direção ao altruísmo e a um amor mais inclusivo não passa de uma moda. Por meio da ascensão da autêntica espiritualidade tomam corpo novas formas de uma religião menos dogmática, rígida e ritualística. Ao lado da experiência interior, da transformação e da consciência do eu ansiamos por nos conectarmos aos outros, mesmo quando entramos nesse que é o mais solitário dos níveis. Uma espiritualidade que não gera algum tipo de comunidade mantém-se superficial.

Esta geração, que compreende pessoas de todas as idades, busca a Deus, apesar de nosso ceticismo em relação às hierarquias clericais, que são os representantes profissionais de Deus na terra. Atualmente as pessoas procuram professores, e não pregadores. Países de forte tendência secular, como a Austrália, dão mostras de uma profunda atração pela meditação e formam fortes comunidades a partir da prática compartilhada da quietude e do silêncio. Em outras partes do mundo, sociedades ainda fortemente religiosas, como as da América do Sul, passam por mudança religiosa, ainda que, talvez, menos radical do que na Europa. Muitos latino-americanos e asiáticos se mantêm leais às suas formas de religião tradicionais, especialmente os "cristãos novos"; mas, em grande número, eles também buscam a dimensão contemplativa perdida de sua fé; procuram uma maneira de integrá-la com o evangelho social de justiça e de solidariedade para com os pobres. O casamento da contemplação com a ação, que está no coração de toda fé viva, manifesta-se atualmente em muitas e novas formas de religião.

De um ponto de vista global acerca da religião, portanto, seria ingenuidade afirmarmos que a fé está se evaporando, mesmo em sociedades materialistas e seculares. A experiência do Hemisfério Sul e da Ásia, não menos do que o desenvolvimento religioso na África, pode ajudar os ocidentais a compreenderem melhor o que se passa com suas tradições da fé. Do ponto de vista financeiro, o centro de poder já migrou do Ocidente para o Oriente, ainda que muitos ocidentais ainda pensem na economia mundial como centrada neles mesmos. Quanto ao ponto de vista espiritual também pode ser a hora de o Ocidente olhar para o Oriente, não como uma alternativa para a sua fé tradicional, mas como uma maneira de renová-la e retomá-la. Nesta exploração do significado atual da fé estou focalizando a experiência ocidental, mas consciente de que ela é um fenômeno humano universal e unificante. De uma maneira ou de outra, está presente, ou presente por sua ausência, em todas as experiências humanas. Aquilo que ocorre com a prática da fé em uma parte da família acaba afetando a todos. A recuperação de uma melhor percepção do que a fé significa nos ajudará a trabalhar a crise global da família humana e a do lar planetário. Por isso é importante que compreendamos a fé.

Procurarei fazer disto uma exploração que se oriente pela prática. O que podemos fazer atualmente, em termos espirituais, para entender a fé e colocar esse entendimento a serviço das necessidades do nosso tempo? A prática em que me concentrarei é a da meditação. John Main diz que ela é um "caminho de fé", a mais elevada oração da fé. A meditação desenvolve a orientação prática da fé em todas as áreas da vida. É universal e se encontra em todas as tradições religiosas, e também é simples. Por ser tão fácil ensiná-la às crianças, a meditação é uma maneira realista de mudar a direção das mudanças globais por meio do desenvolvimento da consciência das novas gerações.

John Main diz que a meditação é um caminho de fé, pois experienciou isso:

> Temos que deixar nosso eu para trás, para que o Outro apareça, sem nenhuma garantia preestabelecida de que o Outro aparecerá (MAIN, J. *A palavra que leva ao silêncio*, p. 46).

Esta é uma boa maneira de começarmos nossa exploração da fé: por meio do enfrentamento com o princípio da incerteza, pois jamais saberemos nada com certeza. Isso pode nos sugerir que a fé é um tipo de aposta. Sempre que adotamos um gesto ou uma atitude de fé estamos assumindo um risco calculado; não sabemos qual será o resultado ou se o tiro sairá pela culatra. Porque não podemos jamais prever o futuro com certeza, quem é que sabe se iremos reaver algo de nossos investimentos? A Física moderna nos diz que nos níveis mais profundos do mundo material observável encontramos a mesma situação que encontramos no reino do humano. Tudo é governado por probabilidades; a única certeza que temos é a de que nada é certo. Todavia, existe algo do qual podemos estar totalmente certos: em algum momento do futuro tomaremos nossa última respiração; a morte é a única certeza previsível. Assim, a probabilidade não é exclusividade de um ato de fé. Quando nos comprometemos com alguém ou com algo estamos assumindo um risco, dando um passo rumo ao desconhecido; mas essa é simplesmente a vida. Tudo é incerto. Esse mais profundo discernimento da fé que John Main nos apresenta envolve a entrega voluntária e consciente de nossa vida, a atitude consciente de se deixar o eu para trás. Portanto, é a transcendência, e não a certeza da crença, que é a essência da fé.

*

O cristianismo de hoje abraçou um projeto radical: o de recuperar e atualizar a dimensão contemplativa em todos os seus aspectos: dialogando com os mundos científico e secular, com outras religiões e também em sua própria casa, em sua teologia, moralidade, oração, culto e ação social. Caso a Igreja venha a falhar nesse esforço de espiritualização ou se renda à tentação de regressar a um nostálgico mundo de supostas certezas, tal como algumas pessoas gostariam, ser-lhe-á impossível ajustar-se a um mundo secular, sendo aquilo a que se destina. Atualmente, a própria identidade cristã – essa recepção e comunicação daquilo que a humanidade ganhou de Jesus – está ameaçada. Um corolário dessa identidade está no relacionamento com outras identidades religiosas e sua necessidade de trabalhar em equipe com outras formas de fé para responder à crise global.

A menos que seja contemplativa, a Igreja fracassa em ser contemporânea. Sua "catolicidade", ou seja, sua universalidade, fica reduzida. À medida que se reduz a uma quase extinção, ela murcha na direção de um mero ritual. No entanto, não é o tamanho de suas congregações que importa, mas a qualidade da mente que se desperta naqueles que frequentam a Igreja, ou não a frequentam de maneira convencional, mas vivem a fé cristã de outro modo. Números, sobem e descem; a mente é transnumérica. Está aberta ou fechada ou tende para uma dessas direções. O mundo precisa de pessoas contemplativas que tenham mentes corajosamente abertas, qualquer que seja a forma de sua fé: budistas, hindus, judeus ou muçulmanos. Todas as religiões enfrentam seu próprio desafio de recuperar e se reconectar com seu núcleo espiritual. O cristianismo necessita de cristãos contemplativos, procedentes da experiência desse centro, que tragam consigo a palavra de um Evangelho unificador para um mundo machucado que se inclina para a autodestruição. A missão é um dos elementos do discipulado cristão: adiantar-se e falar da experiência da fé. Onde a fé é forte o objetivo da missão não é a conversão. Esse trabalho é do Espírito; não se trata de um projeto humano. Assim, a missão do cristão contemporâneo é essencialmente contemplativa e conduzirá ao diálogo, em vez do roubo de ovelhas.

A experiência é que faz as pessoas contemplativas; uma experiência movida por pura fé. É por isso que precisamos compreender o significado da fé. Para muitos cristãos isso pode demandar a passagem por uma desprogramação do seu treinamento religioso prévio. Eles devem, primeiramente, se permitir a conversão.

Essa oração é um típico "ato de fé" daqueles que a "decoraram" quando jovens. E foi feita para ser formativa, clara e reconfortante. Ela sugere uma certeza sedutora de que a verdade pode ser capturada por uma fórmula verbal. Todavia, ela também pode dar testemunho de uma humildade que é simples e comovente, e que ousa tentar colocar em palavras o mistério para o qual somos conduzidos pela fé. No entanto, uma clareza simples e pueril desse tipo pode facilmente ser objeto de sequestro, conduzindo a uma mente fechada, na qual se dá a mutação da humildade para a arrogância.

> Eu creio firmemente que há um só Deus, em três pessoas, realmente distintas: Pai, Filho e Espírito Santo, que dá o céu aos bons e o inferno aos maus, para sempre.
>
> Creio que o Filho de Deus se fez homem, padeceu e morreu na cruz para nos salvar, e que ao terceiro dia ressuscitou. Creio tudo o mais que crê e ensina a Santa Igreja Católica, Apostólica, Romana, porque Deus, verdade infalível, lho revelou.

Tal "ato de fé" não deixa de ser autêntico. Acerca dele há algo de simples e misterioso. As elaboradas frases são, no entanto, ponteiros para a fé, em vez de serem expressão dela. Não se trata essencialmente de um ato de fé, mas de uma declaração de crença. Ele expressa fé em uma dimensão que é crença pessoal ou coletiva: Eu creio. Frequentemente os cristãos limitam seu entendimento da fé ao que acreditam, ou, pior ainda, àquilo que sentem que devem acreditar, de modo a "serem salvos". Se apenas pudéssemos ser salvos, trazidos à plenitude de nossa humanidade pelo que acreditamos, seria muito mais fácil, porém muito menos humano. O desabrochar humano não se dá naquilo que dizemos, mas no que fazemos e aprendemos; naquilo em que nos transformamos mediante repetidos e continuados atos de fé. Quando a crença, na mente religiosa, toma o lugar da fé, isso limita severamente a possível extensão da experiência e do crescimento religioso. Quando a religião dá ênfase à crença, em lugar da fé, poderá considerar mais fácil organizar e definir suas afiliações e aqueles que ela exclui. Julgar é mais fácil. Todavia, na melhor das hipóteses, produzirá seguidores formados pela metade. Interrompe-se a estrada que leva à transcendência, bloqueada por heranças de crenças tão inamovíveis quanto rochas; crenças que nos disseram para aceitar sem ousar testá-las pela experiência. Em um rígido sistema de crenças imposto dessa maneira, aquilo que eu acredito escorrega facilmente, também, para aquilo que eu digo que acredito, ou aquilo que me disseram para acreditar, ou aquilo que eu sinto que deveria acreditar porque o eu que acredita torna-se muito dependente da identidade gerada pelo sistema estruturado de crenças em que vivemos.

*

Em lugar de dedos que apontam para a lua, a doutrina ou o dogma se vira para trás, apontando para si mesmo. Tudo aquilo que questiona a crença, então, é percebido como ameaçador, e aquilo que é ameaçador pode exalar um tipo de estranheza ou ameaça que incite o medo. O "eu sou aquilo que acredito" é um princípio tão perigoso quanto o "existo porque penso". Então, aquilo que quero ou tento acreditar constitui minha identidade, meu eu, e assim, porque acredito nessas doutrinas, eu sou um cristão. Outras pessoas que não acreditam nessas declarações específicas são "infiéis". A crença na verdade pode ser forte e verdadeira. Podemos ser leais a nossas convicções e morrer defendendo o sistema do qual elas fazem parte. Todavia, esse tipo de convicção, aquela pela qual poderíamos morrer, deveria surgir a partir da experiência da fé, e não do medo de uma identidade ameaçada e insegura. Por que morrer, ou atacar outras pessoas, apenas com respeito a fórmulas verbais? Enquanto pensamos na fé como sendo constituída por convicção, falta-nos a dimensão completa da mente de Cristo. Esta é a mente "católica" que, intrinsecamente, busca incluir e integrar, em lugar de excluir e condenar, sempre que se encontra com diferentes expressões de crenças que trazem à tona a incerteza natural de nosso próprio sistema. Percebemos que existem crenças em diferentes caminhos, e que outras pessoas sustentam as suas tão sinceramente quanto sustentamos as nossas. Sem a fé isso nos fará sentir dolorosamente ameaçados. Quando reagimos a partir de nossa própria insegurança, nós cristãos frequentemente descrevemos os devotos, seguidores de outras religiões, como infiéis apenas porque possuem crenças diferentes.

As diferenças, assim como os opostos, em última análise, resolvem-se apenas em Deus, que é infinitamente simples o suficiente para contê-las. Apenas nele podemos encontrar os outros, e é no nível da fé, e não no da crença, que esse encontro ocorre. Monges de diferentes religiões se encontram e instantaneamente reconhecem algo de comum entre si, profundo e sutil, apesar das diferenças entre eles. De outra maneira, o mesmo se dá, às vezes, entre torcedores de diferentes times de futebol ou entre pessoas que experimentam a paternidade pela primeira vez. Quem quer que tenha fé a reconhece em um outro, sentindo-se conectado a ele por meio dela, por maior que seja a distância de suas crenças.

Em tempos como os nossos, que valorizam, ao menos conceitualmente, a tolerância às diferenças, a nova arte do diálogo inter-religioso ensinou a muitos a maneira de aceitar o fato de que vivemos de acordo com diferentes crenças em relação a outros, mas que essas diferenças não precisam se tornar divisões. Não digo, com isso, que elas não sejam importantes. Em qualquer encontro humano as diferenças são tão importantes quanto as semelhanças. As crenças não possuem apenas significação intelectual; elas se combinam com a cultura para dar forma às maneiras pelas quais produzimos significado e às maneiras pelas quais o vivemos. O budista ou o hindu, que acredita na reencarnação, e o cristão, que acredita não no renascimento, mas em um reino de purificação na próxima vida, não apenas sustentam diferentes ideias simbólicas acerca do significado e da natureza de uma vida humana, mas vivem de acordo com essas crenças, que formaram as culturas em que vivem. Essas crenças podem dar forma às atitudes relacionadas à transformação social ou pessoal; elas poderão gerar tolerância ou passividade, ansiedade ou paixão pela justiça como sendo características psicoculturais identificáveis. Ainda assim, podemos detectar profundas ressonâncias entre as diferentes convicções, ainda que não possamos contar sempre com uma tradução exata delas. Por essas razões é sempre possível conversarmos e consequentemente nos enriquecer mutuamente por entre as diferentes convicções, até mesmo ou especialmente quando elas se parecem contradizer. À medida que encontramos e nos conectamos com aqueles que acreditam diferentemente de nós, descobrimos o mistério de uma propriedade coletiva no próprio reino da diferença. Dentro da rica diversidade da humanidade existe uma unidade que todos, até mesmo os não humanos, compartilhamos. As religiões monoteístas acreditam na unicidade de Deus, que gera e se deleita na diversidade. A unidade está na imagem inerente de Deus, que todo tipo de ser contém, como sendo sua própria natureza, e expressa em virtude de sua própria e exclusiva manifestação de identidade. No pensamento budista isso corresponde à vacuidade, que é intrínseca a todos os seres, assim como, no pensamento hindu, corresponde à equivalência atman/Brahman. Não são o mesmo, mas são profundamente similares. A crença budista na natureza de Buda e a crença hindu em atman e Brahman apresentam ressonância com a filosofia do *Logos* da tradição bíblica, sem que sejam uma tradução exata. A verdade está à espera de ser descoberta nessa ressonância, e não na busca por uma uniformidade de crenças.

A fé, como teremos oportunidade de ver mais adiante, é a frequência dessa ressonância. O dom da tradição monoteísta é sua percepção da unidade do humano, que ressoa com a unicidade de Deus. "Que todos sejam um", rezava Jesus. Seus seguidores, a bem da verdade, não são conhecidos por terem colocado essa crença em prática ou mesmo por terem sido fiéis a ela, mas eles tiveram seus bons momentos. Um dos princípios essenciais de nossa tradição é o da unidade na diversidade, e ele não pode ser negado sem erodir a identidade cristã. Essa identidade não é apenas importante para aqueles que a sustentam, mas também para aqueles que têm uma identidade diferente. Os investimentos da China nos Estados Unidos estão se desvalorizando continuamente; porém, o interesse maior dela reside em mantê-los ali, porque ela precisa do mercado estadunidense para comercializar os seus produtos. Em um nível econômico, a globalização é um fino reflexo da mais profunda interdependência das religiões e da cultura na família humana. Todas as pessoas necessitam de outras para serem elas mesmas. Esta é a nossa unidade fundamental.

A unicidade das coisas não pode ser reduzida a uma convicção. Olhamos diretamente para as convicções e as analisamos. Isto é uma intuição, um discernimento sapiencial que surge da experiência contemplativa. Enxergamos mais claramente com a visão periférica por meio do não saber, mais do que pela dissecação. A recuperação da dimensão contemplativa da vida cristã, portanto, tornou possível embarcarmos tanto no diálogo inter-religioso quanto na cooperação entre as religiões no campo da ação global. O fiel que rejeita esta forma contemplativa de conhecimento permanece aprisionado por sistemas de crenças; e as doutrinas que ele sustenta tornam-se as grades que o separam dos outros. Para esse tipo de prisioneiro das convicções, até mesmo a prática do diálogo com os outros pode parecer uma traição a suas convicções.

Um novo entendimento da fé destrói a prisão da crença. Ela liberta as pessoas religiosas para um mundo de ações compassivas, expressadas na Parábola do Bom Samaritano. Ninguém está excluído dessa extensão da experiência de unidade que surge das profundezas da alma, nas quais as crenças não podem adentrar porque "conhecemos a Deus, não por meio do pensamento, mas por meio do amor". Nos horizontes revelados pela luz da experiência contemplativa não identificamos mais a fé com a crença, ou condenamos as crenças de outras pessoas como sendo deficientes. O contemplativo deveria ser possuidor de uma cortesia, mais parecida com a do Cristo, do que isso. E dentro do risco (sim, isso envolve um risco) do encontro com o outro, de encontrar outros fiéis nos reinos desconhecidos da diferença, descobrimos a própria natureza da fé. Também seremos reconfortados porque, de fato, nossa própria identidade, que acreditávamos ameaçada, se afirma.

*

De volta ao "ato de fé" que citei anteriormente, não se trata de que o cristão não acredita nessas declarações acerca da realidade suprema, da natureza de Deus, do relacionamento de Jesus para com o Pai no Espírito Santo, e assim por diante. Todavia, na mente contemplativa "católica", que despertou por meio do não saber e da visão periférica da meditação, gera-se a nova energia de fé. Não está limitada à crença em declarações (por mais verdadeiras e maravilhosas que sejam), ainda que possa permeá-las, tornando-as mais ricamente simbólicas e evocativas. A fé será sempre mais do que uma afirmação de crença, por mais vigorosa, sincera ou belamente expressada. A fé também é mais do que uma identidade especial que sustentamos e defendemos, tornando-nos diferentes (e, frequentemente, implicitamente superiores) em relação aos outros apenas porque acreditamos em coisas diferentes. A fé não é apenas a decisão de nos atermos a nossas crenças ao dizermos:

> Eu sustento essas crenças, por mais irracionais que elas possam parecer, por mais que o mundo caçoe de mim por sustentar essas crenças, por mais que minha cultura, minha sociedade ou a oposição intelectual possam desafiar essas crenças. Agarrarei-me a elas e as defenderei.

A fé nos fará questionar aquilo em que mais profundamente acreditamos, ajudando-nos a enxergar por que deveríamos sustentá-lo.

A mera afirmação e defesa de nossas convicções não pode conduzir a uma verdadeira comunidade de fé. Isso faz com que nos tornemos membros de uma seita, uma cabala fundamentalista. Fecha a mente como órgão de percepção e da verdade. Caso confundamos a fé com a crença, dessa maneira, e passemos a pensar na fé como doadora de um senso de sermos diferentes ou superiores aos outros, terminaremos como o fariseu que agradecia a Deus por fazê-lo diferente dos outros e ficava satisfeito por ser superiormente diferente. A mente religiosa, nesse estado, pode até se persuadir a si mesma de que isso seja humildade. Ao nos identificarmos inteiramente com a crença (o lado esquerdo do cérebro), negando a fé (o lado direito do cérebro), ocupamos um mundo privado só nosso, em lugar do Reino de Deus, ou do Reino de Cristo, no qual "não há nem judeus nem gregos, homens ou mulheres, escravos ou libertos". Os religiosos frequentemente têm receio do poder da fé, precisamente porque ela tende a nos dirigir para esse reino indiferenciado do Espírito no qual são destruídas todas aquelas diferenças religiosas, sociais e até mesmo de gênero, que as crenças que colocamos em nosso altar podem controlar minuciosamente.

A fé é a pista de alta velocidade para o espírito. Todo ato de fé que fazemos é uma descoberta do labirinto do espírito. A crença, quando rompida pela fé, conduz a um labirinto de espelhos, uma série de infinitas regressões, o labirinto egoísta. Labirintos levam a pontos sem saída, e, quanto mais nos perdemos, mais entramos em pânico. Os labirintos só nos pedem para seguirmos fielmente seus volteios e suas curvas, estranhos mas simétricos, de modo a sermos conduzidos ao lar, ao centro.

Ao confundirmos a fé com a crença e, assim, perdendo a sua distinção, caímos na armadilha da lei em meio às coisas que podemos definir, regulamentos que podemos impor, fórmulas específicas de credos que justificam nossa rejeição às outras pessoas. Mais do que qualquer outra religião, o cristianismo caiu nas tentações do poder, criadas pela uniformidade de crenças. A ortodoxia de culto da crença, o aprendizado exatamente correto das palavras, rituais, externalidades e fórmulas traem o Deus vivente por outro falso, que nós mesmos arquitetamos. A diferença precisa ser compreendida à luz da fé, até mesmo nas tradições religiosas. Todas as religiões possuem suas diferenças internas que levam o nome de diálogo intrarreligioso. Os judeus dizem que, caso você veja três rabinos discutindo um aspecto da lei, tal discussão terminará com quatro opiniões diferentes. Sunitas e xiitas, mahayanas e theravadas, católicos e protestantes, todos sustentam convicções diferentes dentro da mesma tradição de fé. Alguns deles podem até se sentir mais próximos a fiéis de outras religiões do que eles se sentem em relação a seus colegas de fé. Podemos desenhar um fluxograma dos relacionamentos entre religiões que acentua esta interconectividade mais do que as distâncias entre elas. Todavia, o cristianismo, talvez mais do que qualquer outra tradição, procurou impor a uniformidade, mais severamente por vezes, agindo, assim, contrariamente à mente de Cristo e caindo na armadilha da exclusão e da excomunhão. Os tempos da Inquisição, ou as guerras religiosas, acabaram, mas as vergonhosas e embaraçosas divisões internas do mundo cristão e os níveis de ira que elas geram entre si são testemunho do mesmo fracasso da fé, até mesmo nos dias de hoje.

A crença pode ser heroica. Você pode se recusar a negar suas convicções e poderá ficar feliz em ser queimado na pira ou ser despojado de posição e de *status* por causa delas. Muitos fiéis se motivaram pelas histórias desses mártires heroicos, que preferiram entregar suas vidas a negar suas convicções. Não deveríamos depreciar o heroísmo da convicção diante da opressão e da perseguição. Necessitamos de força e integridade para resistir à força violenta que nos obrigaria a negar nossos princípios e convicções. Todavia, o reino espiritual não gira em torno do heroísmo. A mentalidade heroica do guerreiro ou do mártir se rende a um outro tipo de autoconsciência, uma vez que experienciamos a Deus como amor, em lugar de doador de fama ou de glória eternas. Aquiles é admirável, mas não é um santo. Thomas More é um herói da liberdade religiosa e da integridade pessoal, mais do que um professor dos mistérios. A fé é mais do que a crença mais heroica; esta não é apenas uma convicção sustentada apaixonadamente, por mais leal e de autossacrifício que seja. A fé é mais do que um conceito, e mais do que um signo de pertencer a um grupo específico.

Trata-se do relacionamento com aquilo que acreditamos; com aquilo que acreditamos porque o experienciamos, e com aquilo que experienciamos porque somos simplesmente projetados para isso. E, por isso, a fé nos mergulha na ontologia e interminavelmente revela toda a extensão dos mistérios do ser.

2

PROCESSO E ESTILO DE VIDA

Comecei a ver que havia me decidido contrariamente a uma carreira acadêmica. Para mim, ela era por demais previsível, e eu ansiava por aventura, fuga e experiência, numa escala mais rica. Comecei ensinando que é uma boa maneira de se descondicionar após ser conduzido por dez anos pela correia transportadora da educação. À luz de meus interesses e da pouca familiaridade com os números, o segmento bancário representava uma opção completamente improvável. Eu não estava tão interessado em ganhar dinheiro quanto estava curioso para aprender como isso era feito. Tornei-me um transeunte suburbano. Todos os dias, à mesma hora, caminhava até a estação de Wimbledon, disputava um assento até Waterloo, e era carregado até o metrô que me levava à City. Tratava-se de uma imersão na massa, mas era curiosamente reconfortante. A imprevisibilidade se limitava ao atraso dos trens, e isso era uma oportunidade fre-

quente para reclamações coletivas. Percebi quão facilmente qualquer rotina gera segurança entorpecedora. O trabalho não era talhado para mim, mas achava interessantes as pessoas com quem trabalhava. Tratava-se de meu primeiro contato com uma comunidade adulta. Eu admirava o heroísmo de alguns que, claramente, não estavam felizes com seu trabalho, mas o suportavam como meio de sustentar suas famílias.

Quando disse a meu diretor que estava me demitindo para desenvolver minha carreira em jornalismo, ele me olhou com admiração e inveja surpreendentes. Meu futuro estava eletrizantemente inseguro. Na ponta do lápis, a situação era precária em termos de ganhar dinheiro suficiente para viver, mas eu estava convencido de meus dons, ainda que não soubesse direito quais eram. Tinha a ambição de ser bem-sucedido, o que quer que o sucesso pudesse significar. Então, soube que Padre John estava de volta a seu mosteiro em Londres, criando uma comunidade laica na qual um pequeno grupo de leigos poderia fazer um retiro de seis meses, meditando sob sua orientação. Fui vê-lo para saber mais, e o encontrei só, em uma grande casa dentro do recinto do mosteiro que ele acabara de reformar. Fiz um comentário jocoso sobre ele se assemelhar a um milionário sentado a sós no topo de sua torre de escritórios. A ideia acerca da comunidade laica me atraía. Oferecia-me a oportunidade de dominar a meditação tal como eu a imaginava, e de me preparar para a minha carreira de escritor. Padre John não parecia estar muito seguro sobre se isso seria o certo para mim, mas, após algumas repetidas argumentações quanto a juntar-me a eles, ele disse sim.

Os seis meses seguintes foram, em várias ocasiões, fatigantes, venturosos, excitantes e rotineiros. A visão de Padre John acerca de uma "comunidade de amor" me cativou, pois parecia oferecer tanto a realização pessoal quanto a mudança social. Tratava-se do início da comunidade de meditação global e, ainda que eu não tivesse a menor ideia disso, a sensação de estar envolvido em algo da mais elevada importância me satisfazia de uma maneira que eu jamais sentira antes. Eu nunca me sentia entediado, e descobri ser tão fácil que alguém possa desperdiçar a vida pensando estar fazendo aquilo que realmente quer fazer, e tentando ser suficientemente livre para alcançá-lo. Dois descolamentos de retina e um mês de convalescença no qual não podia ler levaram-me a conhecer a corda bamba na qual o corpo caminha constantemente. A luta que travei com meus vícios, fumar e pensar sobre mim mesmo, ensinou-me as armadilhas de minha própria mente e a necessidade que tinha de orientação e de apoio. Mesmo assim, fiquei aliviado quando terminou o período de seis meses e, com o autoconhecimento e a prática meditativa recém-descobertos, senti-me pronto para seguir adiante e batalhar no mundo, atrás de fama e fortuna. Então, para minha forte consternação, descobri que em algum ponto dos últimos seis meses perdera minha ambição mundana. Para um ego que era jovem e grande, isso se comparava à situação de um homem mais velho que descobre ter perdido seu desejo sexual.

Padre John ouviu-me com empatia relatar o meu dilema e me encorajou a, assim mesmo, partir. Na medida em que discuti, ele me deixou ficar por mais seis meses. De minha parte, no entanto, desejava tomar uma grande decisão, que fosse definitiva e honesta. Por um lado, o mosteiro, no melhor dos subúrbios londrinos, com meu mestre e, por outro, o mundo exterior, cheio de promessas e aventuras. Tentando fugir da iminente ideia de me tornar um monge, fui para a Itália, onde eu havia aprendido as artes da sensualidade pela primeira vez. Numa folga delas visitei Monte Cassino, o local do Mosteiro de São Bento, que fora reconstruído após a guerra, mas agora se parecia a um parque temático monástico. Em um dia de intenso calor subi a montanha a pé, apenas para ser recebido por um monge mal-humorado que me fechou a porta na cara para dar início à sua hora do almoço e da sesta. Deitado à sombra das oliveiras, nas colinas encimadas pelas paredes do mosteiro, decidi que eu voltaria para pedir acesso ao noviciado, para ver aonde isso iria me conduzir. À medida que aquela decisão tomava corpo, uma paz inesperada e pouco familiar começou a preencher meu coração.

O que, então, é a fé? Já disse acima que ela não é crença. Todavia, não podemos nos definir, ou definir algo acerca de nós mesmos apenas com uma negação. O que é que podemos dizer positivamente acerca dela?

A fé é multidimensional. Trata-se de uma ação multifacetada, empreendida pela pessoa como um todo. Todo ato de fé entra em ressonância com todos os aspectos da pessoa responsável por ela. A fé inclui, integra e expressa a pessoa que eu sou, e que, é claro, nem mesmo entendo completamente. Na verdade, eu não posso entender completamente a mim mesmo, a menos que eu seja sempre mais fiel. O autoconhecimento me conduz, por meio da transcendência da pessoa que eu pensava ser e do Deus que eu imaginava ser Deus, para o conhecimento de meu verdadeiro ser em Deus. Este processo não é apenas um estágio de desenvolvimento ou uma experiência de aprendizado, entre tantos outros. Trata-se do significado contextual da existência que se repete de maneira cíclica em níveis cada vez mais profundos de realidade. Trata-se da consumação de toda existência, o retorno do eu à fonte e nossa recapitulação nela por meio do continuado ato de amor da própria fonte. No entanto, ainda que o processo seja de autoconhecimento, permaneceremos sempre um mistério para nós mesmos, porque nossa origem e nossa participação nessa simples e primordial unicidade de Deus é sutil e ilimitada. Quando chegamos a uma nova fronteira, outra se abre. Sempre serei um mistério para mim mesmo, assim como Deus é um mistério que ninguém conhece completamente, exceto no ato do autoconhecimento divino. Também somos um mistério porque o aprofundamento em nosso ser nos leva a cair no mistério de Deus. Cair de amores é, em termos humanos, uma expressão muito sugestiva de todo o empreendimento humano. A "queda" em si não requer fé, mas continuarmos em "queda livre", sim.

A fé é mais do que uma declaração, mesmo que seja uma tão arriscada quanto "eu te amo". Trata-se de uma ação da totalidade da pessoa ou, em termos realistas, da pessoa que está fragmentada e que se dirige à inteireza. "Tua fé te salvou", diz Jesus; "Vá em paz". A fé do mendigo cego, a quem Jesus dirigiu essas palavras, apenas lhe disse aquilo que ele queria que Jesus fizesse por si; mas suas palavras vinham diretamente do coração e expressavam a totalidade de seu ser, seu mais profundo desejo. No entanto, atos de fé não são eventos do tipo que acontece uma única vez. No caso do mendigo, ali se iniciou um novo curso de vida. Realizamos atos de fé de maneira incremental. Pouco a pouco, dia após dia, redimindo as nossas inevitáveis infidelidades com o perdão, o humor, a graça e, então, mais uma vez, com um renovado comprometimento. Para qualquer coisa que seja significativa precisamos realizar atos de fé diariamente, que sejam mais do que apenas boas intenções, moedas de troca, meios de se autoenganar ou jogos mentais. O agente desses atos é a nossa própria vida, mediante compromisso sustentado para com uma pessoa, no casamento, ou numa amizade para com um meio de vida que se escolha, um trabalho, uma comunidade, uma religião ou disciplina espiritual. São atos de autodoação, sagrados por si só, honrosos e belos. Qualquer um que esteja sintonizado com eles pode reconhecê-los, mesmo quando são executados em sistemas de crença paralelos muito diferentes entre si. Ao fazê-los, integramo-nos a nós mesmos e descobrimos novos potenciais e novos aspectos de nossa identidade. Cada ato de fé em que nos empenhamos torna-nos mais íntegros, reais, autoconscientes, conscientes e mais vivos. Ao realizarmos qualquer ato de fé também estamos fazendo aquilo que Jesus quis dizer com "deixar para trás o eu", porque isso é intrinsecamente transcendente. Deixar para trás o dinheiro, a fama, o poder ou o prazer é relativamente fácil quando comparado com deixar para trás o eu. Para isso precisamos de alguma outra coisa ou alguém exterior a nós mesmos. Para que sejamos obedientes ao chamado de um mestre que nos faz seus discípulos.

Mencionei que procuraria fazer com que essa exploração da fé fosse prática. Ora, a meditação é uma "prática muito prática". Ela é um ato de fé. Meditar todos os dias é um caminho de fé sustentado. Todas as vezes que nos sentamos para meditar, renunciando a todas as alternativas daquele momento, outras coisas que poderíamos fazer ou pensar em fazer, o próprio ato de sentar e ali permanecer é um ato de fé. A decisão de abandonar os próximos 20 ou 30 minutos, dessa maneira incondicional, é um ato de fé que é válido e eficaz, mesmo que a meditação possa ter parecido um desperdício de tempo por termos nos sentado em meio a uma tormenta de distrações e de egocentrismo. A repetição do mantra, a volta a ele durante o período da meditação, é um ato de fé. No fulcro da prática está o mais profundo e mais completo ato que, no final das contas, somos capazes, como seres humanos: deixarmos para trás o eu. Não fazemos isso mediante um tipo qualquer de penitência, como um mero sistema de crenças religiosas poderia deduzir. Deixar o eu para trás não significa nos ferirmos. A fé cura, não fere. Os meios que empregamos para fazê-lo são os mais simples que o ser humano conhece desde o alvorecer da consciência: retirarmos a atenção de nós mesmos, pararmos de pensar em nós.

A pesquisa da medicina moderna ilustra a sabedoria das tradições espirituais milenares, afirmando que a meditação faz bem à saúde. A maneira pela qual se compreende ou se mede esse bem varia de acordo com o seu ponto de vista. Nesse contexto, desejo apenas dizer que a meditação é boa para a sua espiritualidade porque é um puro ato de fé, necessário para integrar a nossa humanidade. Todavia, por essa mesma razão, a fé é mais do que apenas o momento, por mais heroico que seja, ou mesmo uma série de atos repetidos. Trata-se também de um processo que obtém sua energia a partir de uma consciência que é cada vez mais profunda do que aquela que tínhamos quando começamos. Caso a fé seja verdadeira e profunda, caso seja realmente um deixar o eu para trás, e não apenas uma representação que encenamos para nos sentirmos bem conosco ou para conquistar admiração, ela nos abre um novo horizonte; na verdade, uma série infinita de horizontes. Por possuir uma dinâmica transcendental, ela expande nossos limites: as fronteiras de nossa identidade são redefinidas. A fé também nos empurra para o futuro; ela nos estica no tempo porque leva-nos a dizer: "eu não sou controlado pelo que estou pensando ou receando neste momento". Mediante a fé temos um sabor a caminho, da pessoa que um dia estará completa (tanto quanto ela estiver completa), quando o tempo se encerrar para nós, ao final de nossa conexão espacial no corpo. Qualquer pessoa que tenha sido fiel, e assim permaneça, apesar dos receios, do egoísmo e da tentação, pensa sobre o tempo de maneira diferente. Ela é cercada por uma quietude que não se abala com as crises do momento. A fé altera nossa experiência do tempo e passamos pelo tempo de uma nova maneira. É claro que as batidas do relógio continuam e os trens ainda precisam sair na hora certa, com ou sem você; porém, torna-se consciente uma nova dimensão do tempo e, dentro dessa nova existência temporal, o tempo comum passa diferentemente. O momento presente torna-se sempre presente, de maneira mais palpável. A intersecção do tempo com o presente já foi chamada de "tempiternidade". Trata-se de um belo nome para se batizar o filho da fé.

*

Esta nova percepção do tempo que a fé desperta é importante e interessante no que tange ao ensino da meditação. Afinal, a maioria das pessoas apresenta a falta de tempo como motivo para não meditar.

É raro eu encontrar alguém que discorda totalmente da meditação. Às vezes encontro pessoas que se zangam com ela ou a condenam; comumente são pessoas religiosas que têm um forte comprometimento com outras formas de oração. A maioria das pessoas, no entanto, acredita nas pesquisas médicas e científicas que dão conta dos benefícios da meditação, ainda que não dê ouvidos àqueles que a ensinam a partir de uma tradição espiritual. (Há maior probabilidade de que você receba a recomendação de meditar de um médico ou de um terapeuta do que de um sacerdote ou ministro.) Todavia, mesmo dentre aqueles que estão convencidos de que a meditação é uma coisa boa, muitos dirão: "eu adoraria meditar todos os dias, mas simplesmente não tenho tempo". Entretanto, algumas das pessoas mais ocupadas do mundo encontram tempo; e quando digo pessoas "mais ocupadas" do mundo estou pensando em uma jovem mãe que possui um emprego e quatro filhos e encontra tempo para meditar da maneira mais fiel que pode. Ou então, um diretor executivo de um bem-sucedido fundo governamental de aplicações financeiras. Eles lhe diriam que conseguem operar melhor na modalidade multitarefa de suas vidas atarefadas porque encontram tempo para meditar. Muitas pessoas meditam por razões puramente terapêuticas, especialmente para lidar com o estresse que nada mais é do que o resultado de fazermos ou de imaginarmos que temos que fazer coisas demais no tempo que dispomos. Usar o tempo para o não fazer tem influência transformadora sobre a experiência que temos sobre ele.

No entanto, a meditação, assim como a própria fé, não é apenas uma ação que encaixamos em uma agenda atarefada; trata-se da extensão de um ato, uma ação que se estende sobre o tempo e que se torna mais significativa e eficaz à medida que o tempo passa. Assim como a manutenção fiel de um casamento, de uma vida monástica ou do trabalho diário, a meditação é uma via de fé que torna todos os outros aspectos de nossa vida mais fiéis e consequentemente, como veremos adiante, também mais repletos de amor. Com esses compromissos para a vida toda, cada vez mais fortes e profundos, tais como aqueles para com sua família ou trabalho, você repete dia após dia, momento após momento, o mesmo ato de fé que uma vez lhe fez dar início a esse novo caminho em sua vida. A fé é um processo que se descobre. Isso leva tempo para que se torne autoevidente. Quando você começa a meditar, poderia, por exemplo, pensar que está aprendendo a dominar uma técnica difícil e esperar por resultados que venham a justificar seus esforços. Precisamos nos precaver contra qualquer tipo de perfeccionismo ou daquele tipo equivocado de mensuração de nosso progresso. Porém, um dia você se dá conta de estar meditando há vários meses, ou anos, e de que não está mais monitorando seu progresso nem resistindo à disciplina. Sem que ela tenha transformado você em um santo, modificou-o, eliminou paulatinamente a resistência e se tornou um caminho de vida que lhe enriqueceu em todos os aspectos.

De início, num nível mais superficial, você pode olhar para a meditação e dizer:

> Sim, essa é uma nova maneira de rezar, e é interessante. Pode ser que ela me ajude a tornar-me mais calmo e a estar em paz, bem como a reduzir meu colesterol. Vou tentar. Talvez a técnica acelere meu crescimento espiritual ou me confira algumas experiências de Deus: novas, boas e interessantes; algo que eu possa falar a respeito ou me faça sentir bem. Já faz algum tempo que não tenho tido muita experiência espiritual.

Essa é uma maneira de começar. Talvez todos nós começemos, em alguma extensão, de maneira tentativa e condicional. Tateamos nosso avanço por um caminho novo e pouco familiar. Todavia, uma vez que tenhamos dado início àquele ato de fé, por mais imperfeitamente que o façamos (basta lembrar dos discípulos cheios de falhas com quem Jesus teve que trabalhar), ele se torna um *caminho*, simplesmente porque continuamos a repetir aquele ato de fé. Podemos não ser capazes de dizer muito claramente no que acreditamos a respeito da meditação. Quando alguém nos pergunta por que meditamos, podemos ficar embaraçados e com a língua presa, sem saber o que dizer. As convicções se originam da experiência da fé e tomam corpo no seu devido tempo. A própria meditação, como eu disse, é pura fé. Continuamos a repetir o mantra, continuamos a meditar, dia após dia; então, isso desabrocha em algo que é mais do que havíamos imaginado. Torna-se um processo de autoconhecimento: uma conquista por vezes dolorosa quando nos encontramos com nossa sombra ou confrontamos nossas repressões e vícios. Contudo, trata-se de um tipo de autoconhecimento que se distingue dos discernimentos psicológicos anteriores e aos quais a meditação também conduz como efeito secundário. Trata-se de um novo autoconhecimento, centrado no espírito, que nos modifica. Ele segue para o conhecimento de Deus e, ainda assim, intuímos que só o conhecemos porque Ele nos conhece. E, à medida que cresce o autoconhecimento, ele se mostra como se de fato fosse o conhecimento que Deus tem de nós. Muito estranho. Conheço porque sou conhecido. Além dessa experiência interior a meditação diária também se torna uma prática que influencia de maneira sutil o modo de empregarmos nosso tempo, nosso dinheiro, bem como o modo pelo qual nos relacionamos com nossos amigos e com os desconhecidos que cruzam nosso caminho. A meditação demanda horários estabelecidos, sem que possamos separá-la de todas as outras atividades de nossa vida. Você não pode compartimentá-la, separando-a das pessoas que ama, ou do seu casamento, família, filhos, netos ou comunidade. Ou ainda, da maneira como você reage às notícias da televisão ou do rádio. Qualquer caminho de fé revela conexões e relacionamentos que não podíamos enxergar antes.

Se a meditação altera nossa vida é porque ela nos ajuda a enxergar o verdadeiro valor de se viver fielmente. Ela expõe o significado de ser fiel às pequenas coisas, não apenas acreditar em grandes abstrações ou agarrar-se tenazmente à zona de conforto de certas ideias, apenas porque sempre fizemos isso ou porque elas dão corpo a uma identidade nossa. À medida que a meditação desenvolve a força da fé, a integridade começa a ganhar importância, não como código moral preestabelecido, mas como uma intuição do significado de inteireza. Se agirmos ou nos manifestarmos sem ela, a vida nos será mais desconfortável; por isso a buscamos, mesmo que isso nos custe. Viver como um ser humano fiel, manter a própria palavra, agir de maneira verdadeira em todos os nossos relacionamentos, íntimos e profissionais, procurar dizer a verdade, tal como ela é, e ser justo e compassivo nas pequenas coisas do dia a dia... tudo isso passa a se tornar cada vez mais conectado à nossa percepção de significado. Fiéis àquilo que poderíamos pedir, apenas fiéis; fiéis em tudo o que fazemos: na maneira pela qual amamos, trabalhamos, caminhamos, falamos, fazemos aquilo que dizemos; fiéis na maneira pela qual nos sentamos quietos em meditação, aceitamos o dom da vida por meio do emprego consciente de nosso tempo, tratando com respeito nosso próprio corpo, os outros e nosso mundo. Ao vivermos fielmente descobrimos, em primeira mão, o significado da bondade.

*

No ponto culminante de um retiro de Semana Santa, na Ilha de Bere, no Sul da Irlanda, éramos cerca de 30 pessoas juntas em pé na pura e clara manhã do Domingo de Páscoa. Estávamos indiscriminadamente reunidos em volta de um menir, do mesmo tipo dos muitos que se encontram nessa parte do mundo. Trata-se de um monumento neolítico, datando talvez 4.000 anos. Ninguém sabe ao certo por que ele foi colocado ali: uma marcação, um tributo, um local de adoração. Trata-se, contudo, do exato centro geográfico e espiritual da ilha. Ele incorpora estabilidade, durabilidade e resiliência. Já testemunhou muitas alvoradas e resistiu a muitas borrascas. Estávamos ali esperando pelo sol pascal, em uma bela e encantadora manhã, clara e suave, com frescor e fragrância, e apenas um punhado de nuvens baixas por sobre as colinas e o mar, como se o pintor, para maior efeito, as tivesse adicionado à tela. Uma antiga crença celta dá conta de que o sol pascal dança na alvorada por pura alegria com a Ressurreição. Todavia, não esperávamos por isso.

Chegamos aproximadamente às 6:15h da manhã. O céu já estava claro, mas o sol ainda não havia surgido. Sabíamos que isso iria levar algum tempo, porque há uma diferença significativa entre a aurora e o nascer do sol. De fato, nessa época do ano a diferença é de 45 minutos.

No início da longa espera, estávamos conversando e brincando, entusiasmados com a beleza e com a solidariedade entre todos. Porém, como não se pode manter esse estado por longo tempo, as pessoas naturalmente foram se aquietando. Havia mais e longos períodos de silêncio à medida que olhávamos ao longe e permitíamos que nossos sentidos se abrissem. Por mais delicioso o momento, as pessoas também começaram a esperar que o sol se levantasse logo, para que pudéssemos sair e ter um bom desjejum. Foi nesse estágio que, para mim, isso se tornou uma verdadeira parábola de fé.

Para isso concorriam muitos aspectos. Primeiramente, havia um elemento de absoluta certeza em tudo isso, ou seja, sabíamos que o sol iria surgir, não havia dúvida quanto a esse fato. Bem, havia uma infinitamente pequena possibilidade de que isso não viesse a ocorrer. Vivemos, afinal, em um universo probabilístico. Poderia ter sido o último dia do mundo e o fim de todas as coisas. Mas isso não era provável. Sabíamos que iria ocorrer, mas a mente é muito estranha, mesmo se tratando de (quase) certezas. Eu tinha uma centelha de dúvida: talvez ele não nascesse, ou estivéssemos em local errado, ou talvez tivesse nascido mais cedo e não pudéramos vê-lo. As coisas tolas, loucas que a mente diz que você precisa perceber e, se tiver sanidade suficiente, descartar. Quando, mais tarde, estávamos de saída, alguém me confidenciou que, à medida que a espera se alongava, sentira uma estranha ansiedade autoconsciente. Pode até ser que, quando o sol realmente se levantou, isso tenha constituído um anticlímax; ele se sentiria desapontado e toda a espera teria parecido um tempo desperdiçado. Assim, para ele, e talvez também para outros, o entusiasmo e o drama da espera, a expectativa de realização, diminuíram. A ansiedade crescia com o sentimento de estar sendo enganado ou trapaceado de alguma forma (éramos, na maioria, pessoas urbanas). Isso tudo estava relacionado à experimentação do tempo e a estômagos vazios. A fé é posta à prova no e pelo tempo. À medida que o tempo passava a energia instigada pelo desejo diminuía e uma percepção da confusão e do desapontamento fazia surgir a possibilidade de quebra da fé. "Chega disso, vamos comer uns ovos com bacon."

Frequentemente ansiamos para que algo aconteça. Se for verdade, tal como algum filósofo uma vez afirmou, que o segredo da felicidade reside em uma série de pequenos prazeres, então, esperar por eles é parte do prazer que eles conferem. Muitos dirão que o desejo é ainda mais aprazível do que a consumação. Você anseia por uma semana de férias em um hotel agradável, em boa companhia, com bom tempo. O hotel está em mau estado, sua companhia é uma dor nas costas e o tempo está horrível. O desejo é parte do prazer, e pode até ser maior do que a sua verdadeira satisfação. Todavia, você necessita da satisfação, mesmo que não esteja à altura mínima desejada, porque se demorar muito desiste do desejo e procura outra coisa para almejar. A fé possui um efeito sobre o desejo mediante a experiência do tempo.

Por sua vez, havia outro aspecto da nossa espera em volta do menir. Tratava-se apenas do fato de estarmos fisicamente juntos, na companhia uns dos outros. Creio que alguns enviaram mensagens de texto para se conectar com pessoas que eles queriam que estivessem presentes; mas, evidentemente, isso não é o mesmo que estar fisicamente juntos, na presença uns dos outros, olhando para a mesma direção. Literalmente estávamos, assim, na direção do Leste, experimentando nosso clima interior enquanto permanecíamos voltados uns para os outros: esse é o significado de comunidade. Amizade, uma forma de amor muito pura, está no centro disso, e a espera é uma experiência diferente quando ela acontece coletivamente. Permanecendo ali, estávamos fazendo um ato coletivo de fé. Algumas pessoas poderiam ter saído, não fosse a energia e o testemunho de seus companheiros. Assim, até mesmo o aspecto de resistência da fé, a perseverança, a permanência, o ficar ali revelam a natureza da realidade como relacionamento. Ainda assim, todos tiveram que tomar uma decisão individual no sentido de fazê-lo. Qualquer um de nós poderia ter dito: "Já esperei demais. Vou voltar e tomar um café". O fato visível de que estávamos todos ali fez com que fosse mais fácil permanecermos juntos. Caso alguns tivessem debandado, isso teria colocado à prova a fé dos que ficaram. Todavia, era mais do que um ato individual de fé; naquilo também havia algo de corporativo. Havia um *corpo de fé* que estávamos experimentando, sendo que ela nos fundamenta na tradição;

talvez uma determinada antiga tradição trazida à vida por uma específica comunidade de amigos. Até mesmo aquele menir, que para nós era, portanto, um local de adoração, um local sagrado, era um símbolo silencioso e tocante de uma dimensão de fé dentro da humanidade que remonta à alvorada da consciência humana.

Por que é que nossos ancestrais erigiam esses monumentos enigmáticos, silenciosos e magníficos; esses menires e dólmens em círculos, cemitérios alinhados de acordo com o solstício de inverno, tumbas megalíticas nos campos, voltadas para o mar? Assim como nós, eles devem ter sentido algo das tensões que existem entre a certeza e a probabilidade. Que satisfação e significado eles recebiam de seus rituais nesses locais, em comunhão com a natureza? Jamais saberemos no que eles acreditavam. Todavia, podemos sentir que possuíam fé. A experiência de fé não diluída sempre nos conecta com uma tradição, um *continuum* que existe no tempo, até mesmo no tempo imemorial que é mais antigo do que qualquer coisa que possamos conhecer. Ainda assim, por mais misteriosa e intangível que possa ser, ela se incorpora, simultaneamente, em uma verdadeira comunidade de fé. Essa antiga faculdade da fé estava presente no aqui e agora desse grupo de pessoas, nesse pequeno grupo que se juntou para um retiro de Semana Santa, conectado a uma rede global a que chamamos Comunidade Mundial para a Meditação Cristã. Essa determinada comunidade de pessoas, ou esse determinado centro de meditação, ou mesmo esse pequeno grupo de meditação semanal, por meio da experiência da fé nos conecta a algo que é universal na natureza humana.

*

Dentro de sua dimensão histórica no tempo, uma grande transmissão se manifesta e assume forma em uma determinada comunidade. A tradição está em uma macroescala; a comunidade está na microescala. No entanto, na verdade, elas são a mesma coisa, espelhando-se uma à outra em diferentes escalas. Tal como descrito nos upanixades, o infinitamente pequeno e o infinitamente grande são a mesma coisa. Ou, tal como o Novo Testamento diz, o Cristo em nosso interior *é* o Cristo cósmico. Estarmos conectados, de maneira experiencial, a essa simetria de escala é estar no mistério da existência. Vivendo no mistério nos descobrimos com percepções alteradas da realidade, inclusive o tempo. Isso modifica a maneira pela qual enxergamos, como também a direção de nosso olhar.

*

Assim, um ato de fé nos integra como pessoa. A integração sempre desperta uma sensação de profundidade e de mistério. A fé tanto é transcendência quanto um comprometimento em tempo real. Deixamos o eu para trás; isso é transcendência. Transcendemos nossa individualidade isolada na medida em que nos comprometemos com o todo, a unidade da qual somos parte indivisível. Todavia, a integração tem um custo. Diariamente precisamos fazer muitas escolhas difíceis para nos prepararmos para, finalmente, fazermos a "grande escolha sem escolha de nosso pleno despertar". Fico e espero pelo nascer do sol, ou volto para tomar um café? Sento-me e medito esta noite, ou assisto a um filme? Até que se consume o mistério da integração, uma escolha *por* algo será sempre e dolorosamente uma escolha *contra* outra coisa.

O comprometimento com qualquer coisa: um relacionamento, um casamento, estudo, trabalho ou causa, uma prática espiritual... depende de uma doação pessoal de si, que se estende ao longo do tempo. Isso, portanto, elimina a priorização do princípio do prazer. Comumente somos treinados para fazer aquilo que queremos de imediato ou o mais rápido possível. "Eu quero o desjejum agora!" A fé que se estende ao longo do tempo, e que também se renova por meio das infidelidades que a fazem crescer, desenvolve o autocontrole. Sem ser o mais glamoroso ou a mais obviamente heroica das virtudes, o autocontrole é, no entanto, um elemento indispensável de toda conquista criativa e heroica.

Caso estejamos vivendo com fé, poderemos dizer: "O desjejum é uma boa coisa para se querer e se ter. Realmente eu o desfrutarei, mas adiarei esse prazer até que o sol tenha nascido". Nisso há uma disciplina, um autoaprendizado. Também há nessa decisão uma *ascese*, um exercício de treinamento. Dizendo ainda não (ou nem tanto), não queremos significar que não apreciamos o desjejum, ou que não encontramos prazer sensual ou intelectual nas coisas. Isso significa que não estamos sendo controlados pela compulsão da gratificação instantânea, e assim aprendemos a ter paciência. Um dos frutos da meditação, a paciência, também é um dos frutos do Espírito Santo. Isso significa que ela é um modo de vida, em vez de ser uma habilidade que podemos aperfeiçoar e exibir. A paciência dá expressão a um novo e mais sereno relacionamento com o tempo, uma nova maneira de *ser* no tempo.

Nossa paciência foi recompensada, e as dúvidas que algumas pessoas tinham quanto a um possível anticlímax foram esquecidas na glória do nascer do sol. O disco dourado se elevou acima do topo das colinas, tal como a cabeça de um bebê durante o nascimento. Elevava-se como pura força da natureza: sereno, irreprimível, pulsando com a vida. Inteiramente ele mesmo e também inteiramente natural. O mundo se embelezou em sua radiância dourada e generosa. A dança estava em nosso interior, que ali estávamos e que havíamos esperado na fé.

Mais de John Main:

> A meditação é a oração da fé porque temos que deixar nosso eu para trás, para que o Outro apareça, sem nenhuma garantia preestabelecida de que o Outro aparecerá (MAIN, J. *A palavra que leva ao silêncio*, p. 46).

3

O PODER DA FÉ

A ideia de que minha vida de monge iria se desenrolar nos subúrbios a oeste de Londres, onde se localizava o mosteiro com sua paróquia e escola e, tendo me sido asseverado, por alguns monges em particular, de que eu poderia, num futuro distante, vir a me tornar diretor da escola, fizeram com que eu reajustasse minhas expectativas de vida. Por ora, estava muito contente. Como sempre, a vida no mosteiro era atarefada. Meus amigos acreditavam que eu empregava meu dia caminhando pelo claustro, coberto com meu capuz, evitando o contato visual. De fato, o dia se dividia entre meditação, os ofícios e a missa, e minhas tarefas no mosteiro, na biblioteca, na sacristia e no que me fosse solicitado. Como noviço eu estava no nível mais baixo da hierarquia. Surpreendentemente, apreciava a liberdade que isso me dava. Acima de tudo, trabalhava próximo ao Padre John, e, encantado, via o ensinamento da meditação se disseminar.

Um de seus dons era o de saber quando abrir mão e dar um salto. Apesar de ele ser estável pessoalmente, ou talvez por sê-lo, sua vida era pontuada de surpreendentes renúncias e recomeços radicais. Por sua iniciativa, o mosteiro aceitou um convite do arcebispo de Montreal no sentido de dar início a uma pequena comunidade beneditina para o ensino da meditação; de comum acordo foi decidido que eu iria com ele e faria ali minha teologia, em vez de fazê-la em Roma. Um dos monges iria nos levar ao aeroporto. Quando estávamos saindo da casa em Londres, lembrei ter esquecido de levar minhas meias e camisas; corri de volta para colocá-las na primeira sacola que encontrei à mão. Assim, quando chegamos a Montreal, sob forte chuva, arrastando malas e carregando sacolas plásticas, estávamos dando início a uma nova fase de nossas vidas e talvez a uma nova forma da tradição monástica do deserto. O bispo estava ali para nos dar as boas-vindas e nos mostrar a casa que ele adquirira para nós: uma charmosa e antiga casa de fazenda de Quebec, abandonada pela história da cidade, e que se tornou um mosteiro sem ter a aparência de um.

Nosso modo de vida monástico foi reduzido ao simples e essencial: orações, comunidade, trabalho e estudo, mas, era mais real. Nos cinco anos que se seguiram a comunidade se expandiu, iniciando-se a divulgação daquilo que mais tarde se tornaria o "mosteiro sem paredes". Os velhos conflitos pessoais com o ego nunca deixaram de existir, mas eu jamais havia sido tão feliz. Então, por demais prematura, a sombra da morte começou a se aproximar.

Depois de sua cirurgia para extirpar um câncer de cólon, Padre John recebeu a notícia de que estava curado. No início de 1982 fez-se necessário novo tratamento, ficando claro que a doença não poderia ser contida. Eu o via adaptar-se e aceitar. Ele mergulhava no mistério da vida e da morte, sendo que seu ensinamento e nosso relacionamento se aprofundavam. No final poderemos encontrar uma estranha paz. Em uma tarde, sentados, conversávamos sobre o futuro. Perguntei-lhe o que eu deveria fazer. O trabalho estava aumentando, mas a comunidade era pequena e frágil. Eu não me sentia pronto para tomar as rédeas. Ele me olhou diretamente e, com um terno sorriso, simplesmente disse: "Você fará o que for necessário". Isso me fez sentir abandonado e, também, apoiado, de uma maneira invisível e intangível.

Ao longo de suas últimas semanas a sombra da morte cresceu em força. Todavia, em sua companhia, por vezes a luz aumentava a ponto de cegar. Eu sentia a sombra fria, o medo e a perda apenas quando estava longe de sua presença física. Com ele, a energia de vida, como amor, tornava-se mais intensa e a alegria mais forte. Vivíamos o ensinamento quase sem falar a seu respeito. Quando ele parou de respirar o mundo parou, e não parou. Ajoelhei-me ao lado do corpo vazio, e um gigantesco vazio impessoal me inundou e explodiu.

Isto, também, é de John Main:

> A essência de toda pobreza consiste no risco do aniquilamento. Esse é o salto de fé que damos, de nós mesmos, para o Outro. Esse é o risco que todo ato de amor envolve (MAIN, J. *A palavra que leva ao silêncio*, p. 46).

Eu disse anteriormente que a fé é uma ação. Não é algo em que apenas pensamos a respeito. Não se trata de um ideal ou de um conceito. Trata-se de algo que vivemos e dramatizamos. No devido tempo podemos até mesmo vir a incorporá-la. Trata-se de uma ação que se estende na dimensão do tempo. O quanto ela se estende, ou seja, por quanto tempo somos fiéis, é uma medida do poder da fé. É esse poder que faz com que as coisas aconteçam e nos modifica.

Jesus disse que até mesmo uma pequena medida de fé, do tamanho de uma semente de mostarda, pode mover uma montanha. Não façamos uma interpretação por demais literal. Podemos compreender isso em termos de bloqueios psicológicos; por exemplo: vício, compulsão, outros padrões negativos de comportamento, tais como a violência ou a raiva. A fé pode trazer mudanças onde havíamos perdido a esperança. Até mesmo a aceitação daquilo que não pode ser melhorado é uma mudança. A fé cura, assim como somos lembrados por diversas histórias de cura no Evangelho, e conduz à visão espiritual. "A fé é a visão de coisas não vistas", tal como colocado na Epístola aos Hebreus.

Se alguém lhe diz: "te serei fiel pelo resto... bem, pelo resto do dia de hoje", isso não irá fazê-lo vibrar. A fé precisa se estender, e ela será estendida e testada, no tempo, por meio da repetição. Isso é viver fielmente. Isso confronta nosso apetite pela novidade no sentido sexual, gastronômico ou geográfico. Gostamos de padrões seguros na vida: tomar o mesmo trem, para o mesmo escritório, todos os dias. No entanto, ansiamos quebrar esses padrões repetitivos para sermos livres. Entramos de férias, mas não gostaríamos, na verdade, de estar de férias o tempo todo. Muitas pessoas vivem uma vida de quieto desespero porque se sentem presas a padrões de repetição mecânica, sem jamais terem encontrado uma via de saída dessa fiel repetição. Algumas pessoas se rendem a uma rotina que insensibiliza porque oferece segurança, até mesmo à custa da vitalidade.

A fé envolve escolha, e esta significa que priorizamos. A tentação, ou a inclinação à quebra de um compromisso, jamais está longe. Ela pode ser sublimada calmamente, ou pode nos enfurecer e nos levar a destruir uma vida boa e relacionamentos amorosos. O regresso ao momento da pré-escolha, à miríade de escolhas da adolescência é a volta a uma escolha que um dia rejeitamos. Um homem certo dia, depois de 20 anos de casado, pode comunicar que irá embora. Uma mulher que construiu um lar para a sua família durante 20 anos pode conseguir pela primeira vez um trabalho de meio período e imediatamente cair de amores por seu novo chefe, abandonando marido e família. A fé não é uma prisão ou um complexo de segurança máxima que arquitetamos para nós mesmos, para impedir que coisas adversas nos aconteçam. Essa tentação pode acontecer a qualquer tempo, tal como o histórico de corações partidos pode atestar.

*

A fé é um caminho, um caminho de vida, uma maneira de nos comportarmos ao longo do tempo, por meio da qual nos doamos. Todavia, se a vemos apenas como doação, compromisso e sacrifício, descobriremos que é difícil crescer nas muitas maneiras em que ela permite que nos tornemos mais plenamente humanos. Enxergaremos apenas o lado difícil da fé, e não o seu lado brilhante. Porque nela também recebemos. Há esse caráter mútuo do intercâmbio na fé, porque se trata de uma ação pessoal que ressalta toda a nossa experiência pessoal. Não se trata apenas de uma fria objetividade, mas de uma calorosa intersubjetividade. Leva-nos a relacionamentos mais profundos com os outros. Parte desse caráter mútuo pode significar sermos colocados à prova. Frequentemente colocamos à prova a fé que sentimos ter sido colocada em nós: *Quanto, realmente, você me ama? Caso você realmente visse o pior de mim, desistiria; assim, aí está o monstro que eu verdadeiramente sou.* Talvez só nos convençamos de que alguém colocou sua fé em nós quando esse alguém tenha livremente entregado sua vida por nós. Talvez do ponto de vista psicológico isso também se aplique ao campo de todos os nossos relacionamentos com Deus. A entrega de nossas vidas uns pelos outros, no amor, é a consumação de uma significativa ação de fé. Podemos crer em Deus, mas sempre é mais difícil acreditar que Ele creia em nós. A fé é processo, e como tal passa a dar forma e caráter à nossa personalidade. Existem pessoas de nosso relacionamento que reconhecemos ser fiéis às promessas que fazem e que, acima de tudo, mantêm-se próximas a nós durante os tempos difíceis. Tais pessoas, comumente, são amigáveis e bem consideradas; no entanto, curiosamente desapegadas e espectadoras. Podemos contar com elas; continuam a nos amar em meio a conflitos ou tentações. Sentimo-nos abençoados por tê-las em nossas vidas, ou mesmo por conhecê-las de passagem. Elas podem ser reconhecidas. Todavia, também conhecemos pessoas que não são fiéis, não por malícia, mas porque simplesmente não são capazes de compromisso ou de constância; são fracas e, geralmente, sabem-se assim. Elas tentam, mas depois se esquecem do que prometeram ou se entregam ao mais recente humor. Somos rápidos ao julgar os outros, mas quem sabe o que os outros podem realmente pensar a nosso respeito? De qualquer maneira, na fé ou na infidelidade, por meio de sua presença ou ausência, a fé é uma força que modela a moralidade de nossa vida; ela expressa e determina o nosso comportamento moral.

Há algum tempo a Grã-Bretanha se encontrava em meio a uma crise política por causa da revelação de que muitos dos seus membros do parlamento haviam feito com que o sistema os reembolsasse por despesas excessivas, reivindicando a limpeza das fossas de suas casas, a eliminação das toupeiras de seus jardins ou até segundos lares que eram falsos. Pessoas comuns se sentiram ultrajadas e os meios de comunicação fizeram a festa. O ultraje era moral. Todos haviam feito piada acerca da baixa confiabilidade dos políticos antes disso, mas a extensão e a mesquinhez desse escândalo fez com que as pessoas de toda parte se sentissem abandonadas por todo um sistema ao qual ainda davam algum crédito (porque precisamos acreditar em algo), sentindo-se traídas e desiludidas. Talvez até sentiram um pouco de medo de que eles, eleitos para serem responsáveis, estivessem se comportando tão mal. Que mais eles estariam escondendo de nós? Uma das defesas de muitos parlamentares era de que suas reivindicações haviam sido "feitas de boa-fé". Eles admitiam seu erro e devolveriam o que haviam furtado, mas, no momento acreditavam ter agido moralmente. Muitas pessoas não acreditavam nisso. Tal fato conferiu uma paixão adicional às pessoas: – Oh não, vocês não agiram moralmente. Vocês agiram de má-fé, e isso é uma traição à fé que nós depositamos em vocês.

O significado de fé é um importante fator determinante, não apenas para nossas vidas pessoais, espirituais, mas para a qualidade de nossa vida sociopolítica e para a integridade de nossa cultura. Em última análise, a civilização repousa na fé. Os escândalos dos bancos que estão por trás da grande recessão da segunda década deste século ilustram isso de maneira gritante. O sistema bancário precisou ser resgatado a um custo muito alto, porque ele é necessário para a operação de uma sociedade moderna, e o banco, somos sempre lembrados, opera com crédito. Mas, o que ocorre quando toda uma profissão, ou as principais instituições de uma sociedade se tornam infiéis? A corrupção política de muitas sociedades do Terceiro Mundo nos mostra. O câncer da corrupção se dissemina, reprimindo o crescimento e o desenvolvimento social. Os pobres se tornam mais pobres, enquanto que os ricos se tornam mais gananciosos. Nosso aprendizado se dá por imitação, e se vemos pessoas que agem de maneira infiel (pais, políticos, banqueiros) aprendemos a viver de acordo com os mesmos padrões sombrios, passando a encará-los como sendo – ou ao menos nos convencendo de que são –

normais. Se os dedos das mãos daqueles que estão no topo estão lambuzados, por que eu também não deveria, mesmo estando no pé da escada, extrair minha parte daqueles que são mais fracos do que eu?

Ensinamos e herdamos o significado da fé. Se não o fizermos, corrompemos os jovens e geramos a nossa própria destruição. Por isso, é tão importante que nos preocupemos com a qualidade da fé pela qual nos estruturamos.

*

Bede Griffiths dizia que a fé é nossa capacidade para a transcendência. Isso significa que ela é a nossa habilidade para ir além do ego e das prioridades autocentradas que nosso ego promove e defende cegamente. A fé é a nossa capacidade de nos recentralizarmos em um outro, em alguém a quem amamos, em uma pessoa necessitada e, consequentemente, em Deus, que é a alteridade na qual nos perdemos e nos encontramos. Por meio da fé encontramos nosso centro, equilíbrio e inteireza.

Tal como acontece com outras capacidades humanas, o desenvolvimento dessa capacidade para a transcendência precisa de tempo. Não podemos esperar que crianças ou adolescentes a tenham plenamente desenvolvida. Fazemos concessões para a inexperiência e os erros juvenis. Todavia, não é apenas de tempo que ela precisa, mas também da força de vontade. Você precisa querer desenvolvê-la, como também deve ter um mínimo discernimento do que ela significa e por que é tão importante para o desenvolvimento humano. Para esse processo de desenvolvimento você também precisa do apoio e do reforço pessoal, comunitário e cultural. A fé cresce e é uma medida de nosso crescimento, como uma pessoa integral e como um cidadão.

São Paulo compreendeu isso ao observar e orientar os primeiros cristãos. Ele plantou dentre eles a semente do Evangelho por meio de palavras e do exemplo. Depois, precisou deixá-los, para que eles mesmos a fizessem crescer. Quando percebeu que se afastavam, retornando aos costumes antigos, sob o domínio do medo, da superstição e do desejo escapista, o apóstolo vigorosamente os chamou de volta. Em uma dessas passagens podemos ver o que a fé significava para ele:

> Antes que chegasse a fé, nós éramos guardados sob a tutela da lei para a fé que haveria de se revelar. Assim, a lei se tornou nosso pedagogo até Cristo, para que fôssemos justificados pela fé. Chegada a fé, porém, não estamos mais sob o pedagogo; vós todos sois filhos de Deus pela fé em Cristo Jesus [...]. Não há judeu nem grego, não há escravo nem livre, não há homem nem mulher; pois todos vós sois um só em Cristo Jesus (Gl 3,23-28).

Aqui vemos que a fé é mais do que crença; é uma escolha de ser livre e de permanecer assim. Acreditar apenas em algo não faz com que tudo isso aconteça. Nessa experiência de comunidade espiritual também vemos que a fé está, e funciona, além de uma realidade psicológica.

É verdade que o nosso crescimento espiritual se efetua em nossa experiência psicológica, na maneira em que a mente se reflete na química do cérebro. Todavia, não são a mesma coisa. A fé em Cristo não apenas nos faz sentir melhor mediante a liberação de endorfinas; ela realiza nossa unicidade com todos os outros seres, sem se importar com as diferenças sociais ou mesmo de gênero. A fé alcança um dividendo tão elevado porque evolui para o amor. Um dos primeiros Padres da Igreja ensinou isso um pouco antes de morrer, martirizado pela fé que professava.

> De todas essas coisas, nenhuma lhe será oculta se o seu coração for um só, e se você dirigir sua fé e seu amor a Jesus Cristo. Estes são o começo e o fim da vida: o começo é a fé; o fim é o amor. Os dois, unidos na unidade, são Deus. A partir deles, segue-se tudo o mais pertencente à bondade. Ninguém que professe a fé, peca, e qualquer um que possua amor, não odeia. A árvore se conhece pelos seus frutos (INÁCIO DE ANTIOQUIA. *Aos efésios*).

A fé cresce e dá frutos; cresce por meio da provação, até mesmo pela morte e, certamente, das tentações cotidianas. Caso evitemos os perigos do perfeccionismo, ela também cresce, de maneira crucial, no fracasso e no perdão. A pessoa espiritualmente orientada não é uma pessoa perfeita. Todas as pessoas são, muitas vezes, infiéis, por pensamentos, palavras ou obras. Todavia, a pessoa que é espiritualmente ativa, continuamente faz do processo de crescimento um assunto de alta prioridade, e isso transforma o fracasso e a infidelidade.

Isso não significa que separamos o desenvolvimento da fé dos outros aspectos de nossas vidas nos quais a praticamos. Essa seria uma religião falsa, do tipo mais anêmico. Um artista não confunde o estúdio com o trabalho que faz, ou um músico, o instrumento com a música que toca. Eles são simultaneamente distintos e inseparáveis: tal como a fé e as responsabilidades e realidades da vida. O trabalho, a família e os relacionamentos são o laboratório. Não podemos afirmar que somos fiéis na vida familiar mentindo e enganando no trabalho, ou que somos fiéis ao cônjuge explorando os pobres. A fé é um desdobramento da identidade central da pessoa humana. Trata-se de um valor central, um aspecto central e constelar de todo o nosso desenvolvimento humano. No que quer que estejamos fazendo, no trabalho, em nossos relacionamentos pessoais, na vida em família, em nossas responsabilidades para com os marginalizados... estamos colocando em operação essa qualidade da fé no verdadeiro centro de nossas vidas. A cada ato de fé nos voltamos mais plenamente para o outro. Se nos voltamos dessa maneira para uma pessoa, estaremos nos voltando para todos.

A transcendência da individualidade, portanto, conduz ao crescimento no amor e, mais à frente, ao objetivo supremo, que é a união com Deus, o Supremo Outro em quem se encontram todos os indivíduos e a usina geradora do amor.

*

Para o crescimento há que se ter consistência entre os três níveis de nosso ser, nos quais a fé está ativa. O nível físico é o campo da ação: basta fazê-lo. No nível mental precisamos entender o porquê de fazê-lo, e o que verdadeiramente isso significa. Aqui formulamos e colocamos à prova as crenças certas, expressadas da maneira mais exata possível. Eu já disse que não deveríamos confundir fé com crença. Não obstante, ela precisa ser consciente, e assim estará sempre relacionada a crenças – tentativas que fazemos para nosso entendimento, para nossa conceituação, para a expressão de seu significado e daquilo em que a colocamos. Isso se faz necessário para que ela abra o terceiro nível, que é o da dimensão espiritual. Assim, intelectual, filosófica e teologicamente precisamos entender tão claramente quanto possível. No diálogo com a tradição e com novos campos do conhecimento precisamos encontrar e colocar à prova as crenças e doutrinas pelas quais vivemos. Uma tradição que seja saudável e capaz de se comunicar a uma nova geração possui harmonia de crença e fé.

O fato de mantermos com integridade as nossas crenças não significa que aquilo em que eu acredito necessariamente contradiz aquilo em que você acredita, apenas porque são diferentes. O diálogo, o respeito e a reverência com as crenças dos outros são mais do que tolerância, ainda que constituam um sinal de uma sociedade ou religião justa e civilizada. Deveríamos procurar identificar e compreender a verdade das crenças alheias para depois tratá-las com a mesma reverência que damos às nossas, mesmo enquanto permanecemos com elas. Podemos sentir que, em nossa tradição, encontramos as melhores crenças pelas quais podemos fortalecer e expressar nossa experiência de fé. E, sem que sejamos fanáticos ou que procuremos converter os outros, podemos até mesmo acreditar que a nossa tradição, de uma maneira objetiva, é a melhor, a mais clara, abrangente e inclusiva expressão da fé. Por mais que valorizemos a nossa própria tradição, se as nossas crenças expressam fé sem procurar substituí-la, não condenaremos os outros por suas diferentes crenças nem os pressionaremos para que mudem. Mesmo que sintamos que a nossa tradição é a mais elevada expressão da verdade, também saberemos que esta jamais poderá ser imposta. Caso nosso apego a ela seja causa de conflito, deixa de ser a verdade da qual partimos. A fé poderá nos levar a morrer pela verdade, mas não permitirá que sejamos violentos ou desonestos por sua causa. Onde a fé está ativa, o diálogo substitui o conflito e a curiosidade mútua substitui a condenação.

Na tentativa de compreender nossas crenças só poderemos alcançar sempre um sucesso limitado. Todavia, chegar ao nosso limite, e reconhecê-lo quando o fazemos, já é uma conquista notável. Estamos destinados a chegar a esse limite do nosso entendimento intelectual porque esse é o ponto em que desperta a consciência contemplativa. "Jamais poderemos conhecer a Deus por meio do pensamento, apenas pelo amor", nos diz *A nuvem do não saber*, ou, como nos diz Santo Agostinho, em sua maneira concisa: "Se você o pode compreender, não é Deus".

Atingir os limites de nosso entendimento emocional e intelectual de Deus poderá a princípio parecer um fracasso. Tal como todas as limitações, isso é frustrante, especialmente se colocamos todos os ovos em uma mesma cesta cérebro-emocional. Precisamos dar ouvidos a uma inteligência superior, que nos diz que a chegada a essa fronteira é uma verdadeira conquista espiritual e o início de um novo estágio de nosso desenvolvimento.

Nesse estágio, a sombra da fé é apenas o fracasso da mente na conceituação. Mesmo se nesse estágio as crenças e os sentimentos pareçam esmorecer e se tornar confusos – como certamente acontecerá – o caminho da fé nos ajudará a atravessá-lo.

*

Tomemos como exemplo a Eucaristia. A tradição católica, em especial, faz uma afirmação extraordinária acerca desse ritual e, ao longo dos séculos, desenvolveu uma rica gama de crenças procurando explicá-lo. No entanto, mesmo sem ocupar nossas mentes intelectualmente com essas doutrinas, ainda podemos tirar proveito ao participarmos da missa. Dela podemos extrair algo no nível emocional e, por ter participado, podemos nos sentir melhor. Porém, o que ocorre se removemos essa satisfação emocional e devocional? Talvez porque não gostemos da maneira como ela é celebrada ou porque acreditemos que, no final das contas, a missa para nós se tornou muito mecânica e desinteressante, não conseguimos enxergar nada além desse aspecto que nos deprime. Assim, deixamos de ir à missa durante certo tempo. Ou poderemos continuar na fé cega, tateando o caminho à nossa frente, esperançosamente, enquanto revemos e atualizamos nossas crenças. Ao longo desse período poderemos até mesmo sentir que "perdemos nossa fé", ao passo que, de fato, ela nunca foi tão forte. É muito mais provável que esse seja o caso quando nos apoiamos em uma prática contemplativa que nos confere uma experiência da presença interior, que busca uma expressão sacramental exterior. No devido tempo, quando a fé e as crenças se reequilibrarem, descobriremos que a Eucaristia assumiu um novo e mais profundo significado místico. Depois disso, até mesmo uma série de entediantes sermões não nos afastará.

Adentramos na dimensão espiritual a partir da fé, que conduz à "visão das coisas não vistas". Ela verifica a existência de realidades que são invisíveis apenas para a mente conceitual e visual. Essa experiência contemplativa da visão espiritual é um fruto da vida de fé. Ela dá acesso a um novo sentido, um sentido espiritual mais sutil, com o qual somos capazes de registrar e reconhecer padrões, presenças e associações que não éramos capazes de perceber antes.

Do ponto de vista psicológico, todo esse processo é muito frutífero. Inicialmente, o lado sombrio, reprimido e evitado por longo tempo poderá atingir a superfície e, por vezes, até mesmo nos engolfar. Todavia, também experienciamos o crescimento pessoal e a cura através da autotranscendência que desenvolvemos por meio da fé. Podemos nem ser os primeiros a reconhecer tais mudanças. As pessoas que nos conhecem bem ou com quem vivemos e trabalhamos poderão nos apontar algo, de modo que silenciosamente nos damos conta de que estamos mudando. Talvez ainda não aperfeiçoados, mas à medida que nos movimentamos para além da órbita do ego vemo-nos crescer em nossa capacidade para o amor, a empatia, a sabedoria e a moderação. À medida que isso acontece, os frutos da fé assumem um significado mais profundo, não apenas como benefício psicológico, mas como sinais da vida divina que se expande e nos transforma. Se dizemos que a meditação dá mais significado a nossas vidas, não é porque ela sussurra em nossos ouvidos os segredos dos enigmas do universo, mas porque intuímos que nosso mais elevado destino passa a estar focado de maneira mais clara, em meio à rotina comum de nossas vidas diárias. Vemos que fomos projetados para ser divinizados. Sentimos a gratidão que qualquer experiência da graça nos traz. Tradicionalmente dizemos que a fé é um dom da graça. Isso significa que ficamos surpresos, tanto quanto enriquecidos, por algo que jamais poderíamos reivindicar merecimento. Começamos a entender o verdadeiro significado da fé.

Por meio desse discernimento silenciamos e amansamos o ego. Não nos sentimos orgulhosos com esse crescimento que acontece pela fé, porque reconhecemos que ele seja uma dádiva e que se trata de uma ação do amor em nós, que está além de nosso entendimento. No entanto, a mesma fé que nos permite enxergar além do alcance da mente pode ser reconhecida. Jesus "reconheceu a fé" da mulher hemorroíssa, a quem Ele curou. Reconheceu a fé de Bartimeu, o mendigo cego. Ele também reconheceu a falta de fé de seus discípulos mais próximos.

4

ESTÁGIOS DA FÉ:
PURGAÇÃO

Nenhum trabalho da sabedoria descreve melhor as nuances do ciclo de crescimento e declínio do que o clássico chinês I Ching, o "livro das mutações". Os hexagramas pedem para ser lidos e entendidos, calibrando a mente consciente e inconsciente, estabelecendo um relacionamento entre a sorte e a vontade. Assim como as parábolas do Novo Testamento, conseguimos extrair deles tudo o que podemos, de acordo com a nossa capacidade. Encara-se a vida como estando em constante evolução. As coisas evoluem até um clímax de plenitude e, então, começam a declinar até atingir o ponto mais baixo. O I Ching, assim como, na verdade, todo ensinamento de fé, nos impele a, acima de tudo, evitar a negação da natureza cíclica das coisas. O falso otimismo ou o desespero são as alternativas que nos esperam nessa rota. Em vez disso, somos orientados a prestar atenção, a reconhecer as mudanças sutis do desdobramento de nossas vidas e a ajustar as nossas reações de acordo com a direção dos acontecimentos. O pro-

blema reside no fato de que precisamos aprender trabalhando. Os erros são inevitáveis e necessários, ainda que tenhamos que trabalhar mais para mitigá-los e para controlar os danos causados.

Tal como qualquer um que tenha sentido a perda pode lembrar, a volta ao mosteiro após o funeral de Padre John foi como a volta a um túmulo vazio. Todavia, ele não estava vazio: havia ali uma comunidade, grupos de meditação semanal, visitantes e um roteiro diário de orações, refeições, limpeza da casa e manutenção dos jardins. Por vezes, tudo o que podemos fazer é realizar a próxima tarefa. O conselho que Padre John me dera estava certo. Eu não tinha certeza quanto ao nosso objetivo. Muitos pensavam que o colapso do priorado era uma questão de tempo. Em uma combinação de fé e ego estávamos todos, com a energia da juventude, determinados a manter o curso, sem desistirmos, ao menos, não antes que isso fosse preciso. Eu não conhecia o I Ching àquela altura, mas imagino que isso seria o que ele teria aconselhado, serenamente.

O primeiro sinal de que não estávamos apenas sobrevivendo, mas crescendo, e não há vida sem crescimento, veio dos meditantes de fora das paredes, mas que nem por isso estavam menos inseridos na comunidade, isso era claro. Visitantes de Cingapura, da Inglaterra, dos Estados Unidos, de outras cidades do Canadá, da Austrália, uns após outros indicavam que a semente havia se espalhado, encontrando solo fértil. Ainda que a comunidade monástica se debatesse quanto à sua identidade, assim como todas fazem, foi na sua fundação que o mosteiro sem paredes começou a evoluir. Eu viajava mais, a comunidade necessitava mais, e o segredo de atender a todos os pedidos permanecia fora de alcance. Começou a tomar vulto uma tensão entre a dimensão interna e a dimensão externa da comunidade. Responsabilidades demais haviam sido projetadas globalmente sobre a comunidade local, sem que ela tivesse a privacidade ou o tempo que necessitava para si. É mais fácil refletir sobre isso em retrospectiva do que era àquela altura em que lidávamos com os fatos. A crescente tensão entre a construção de uma jovem comunidade monástica e a sustentação de uma divulgação de caráter global tornou-se mais aguda, e certamente cometi erros que, espero, seja capaz de evitar atualmente. Eu me lembrava de como minha mãe manifestara surpresa quanto a haver quaisquer tipos de disputas em mosteiros. Bem, a Regra de São Bento, em grande parte, ocupa-se com a maneira de lidar com elas. De fora, elas podem parecer triviais, até porque protegemos grande parte da vida monástica dos problemas do mundo. Porém, por isso mesmo, elas podem ser mais intensas e inescapáveis. Qualquer um que já tenha atravessado dias difíceis em um casamento, como aconteceu com a maioria dos cônjuges, compreenderá a peculiar e profunda ansiedade criada por esse tipo de sofrimento doméstico e interior.

Eu havia renunciado ao posto de prior e fizera uma parada em Londres após uma visita à Ásia, em que fui abruptamente informado que o priorado havia sido fechado. Foi uma outra morte. Senti mais porque tudo poderia ter sido manejado de maneira melhor; muitas coisas poderiam ter sido evitadas, até mesmo salvas, mas a factualidade da morte fala por si mesma. Sentimos as ondas de choque, todos os envolvidos, em todas as partes do mundo: monges, oblatos e meditantes. Aqueles que estavam mais próximos ao epicentro sofreram mais. Havíamos atingido o nadir, o ponto mais baixo do ciclo. A pedra que rolara sobre a boca da tumba parecia-me inamovível. Voltei a Londres e, novamente, procurei ser fiel, não a uma grande visão que parecia ter sido destruída, mas apenas realizar a próxima tarefa comum que, a cada manhã e cada tarde, simplesmente precisava ser feita.

O entendimento clássico deste processo de fé na teologia mística da tradição cristã o reconhece como estágios de purgação (purificação), iluminação e união. Vejamos agora essas três fases do desenvolvimento espiritual.

Cada ato de fé dá início a um processo que, potencialmente, pode se estender para um futuro desconhecido. A fé possui um *momentum* que lhe é próprio. Ela nos empurra para frente em direção a locais que nunca imagináramos visitar, ou que talvez jamais tenhamos escolhido fazê-lo. Porém, qualquer comprometimento sincero nos faz sentir compelidos a manter esse caminho de fé até o fim, se possível. Com a experiência aprendemos, assim esperamos, a ser cautelosos quanto àquilo em que decidimos depositar nossa fé e quanto àquilo que prometemos fazer. A partir de nossos fracassos e infidelidades passamos a conhecer a vergonha e o desapontamento que sentimos com a quebra da fé. A infidelidade não nos faz sentir bem, por mais que a possamos justificar, ou até mesmo, às vezes, por mais que seja compreensível. Quando, por exemplo, um casamento se rompe, e a separação é a única solução, por mais que ela seja necessária, ninguém se sente bem acerca dela. Um compromisso de fidelidade se rompeu.

Grupos religiosos oferecem preparação para o casamento de seus membros mais jovens, e atualmente a maioria dos jovens casais, somente a título de exemplo, passa a morar juntos para tentar a vida em comum antes de fazerem um compromisso formal. São Bento incentiva o noviço a pensar cuidadosamente acerca de seu compromisso com a vida monástica. Concede-lhe um ano para discernir e aponta monges mais sábios e mais velhos para aconselhá-lo. (Esta preparação para os votos finais foi estendida para três anos ou mais.) Então, caso ele se decida a entrar mesmo, precisa se dar conta de que é até o fim, por toda a vida. No entanto, mesmo depois desse compromisso solene, a jornada estará apenas começando:

> Devemos, pois, constituir uma escola de serviço do Senhor. Nessa instituição esperamos nada estabelecer de áspero ou de pesado. Mas se aparecer alguma coisa um pouco mais rigorosa, ditada por motivo de equidade, para emenda dos vícios ou conservação da caridade, não fujas logo, tomado de pavor, do caminho da salvação, que nunca se abre senão por estreito início. Mas, com o progresso da vida monástica e da fé, dilata-se o coração e com inenarrável doçura de amor é percorrido o caminho dos mandamentos de Deus. De modo que, não nos separando jamais do seu magistério, e perseverando no mosteiro, sob a sua doutrina até a morte, participemos, pela paciência, dos sofrimentos do Cristo a fim de também merecermos ser co-herdeiros de seu reino (*Regra de São Bento* – Prólogo).

O ato de fé mais se parece ao embarque em um avião do que ao desembarque no destino. No início da Epístola aos Romanos São Paulo diz que a salvação é um caminho de fé, começando e terminando nela, isto é, trata-se de um processo aberto. Analogamente, John Main nos lembra que para percorrermos a jornada da meditação precisamos de fé. Não há cerimônia de colação de grau para ela; nenhum diploma para pendurarmos na parede. No curso de sua jornada nos dirão que passaremos por muitas mudanças, dentre as quais não é menos importante aquela que se refere à maneira pela qual compreendemos o que seja a própria jornada. Toda ela possui uma qualidade de unidirecionamento mental que não se curva, porque todo ato de fé se assemelha ao disparo de uma flecha, e esta não faz curvas, possuindo uma única direção. Seu aprofundamento inexorável, com o tempo, chega a espelhar o amor tenaz que Deus tem por nós. Uma vez que tenhamos sido fisgados, não há como lhe escapar. Não é de se admirar, então, que qualquer jornada de fé, seja ela da meditação, do casamento ou de outros compromissos pessoais, possa ser inicialmente excitante, mas também um tanto assustadora em momentos cruciais de crescimento.

*

A purgação, o primeiro estágio purificatório, às vezes pode ser fortemente sentida nos primeiros dias do aprendizado da meditação. Muitas coisas acontecem ao mesmo tempo, incluída aí uma limpeza da memória. A história de Santo Antão no deserto é um bom exemplo disso. Ele se tornou monge ainda jovem, depois de sentir seu coração fisgado pelas palavras de Jesus que ouvira na Igreja: "Vá, vende tudo o que tens, e vem me seguir". Antão era um próspero jovem e ouviu essas palavras como se tivessem sido endereçadas diretamente a ele. Realizou sua renúncia em dois estágios. Doou a maior parte de sua fortuna, mas reteve uma parte para poder cuidar de sua irmã. Porém, quando compreendeu o caráter absoluto do chamado, doou até mesmo a parte dela e a colocou em um convento. Não sabemos como ela reagiu a isso. Entretanto, o significado da circunstância está na demonstração de que inicialmente procuramos nos safar, não nos doando totalmente. Então, ele foi para o primeiro estágio da vida no deserto. Os estágios subsequentes seriam marcados por mergulhos cada vez mais profundos na solidão. O estágio purgativo de sua vida foi prolongado. Quando contava com 35 anos, talvez em sua crise de meia-idade, e, segundo Jung, quando todas as perguntas da vida tornam-se problemas de ordem espiritual, decidiu isolar-se em um forte abandonado.

Pedia que amigos lhe trouxessem água e comida. Por mais que suas decisões nos pareçam ter sido de abnegação, não foram autodestrutivas. De fato, a maneira pela qual elas foram descritas se destina a enfatizar o quanto ele foi moderado, se comparado com algumas das loucuras monásticas daquela época. Santo Atanásio, seu biógrafo, relata que o seu trabalho de *ascese* radical, de treinamento e purificação espiritual, continuou ao longo dos vinte anos seguintes. Por fim, seus amigos concluíram que seria melhor verificarem o que lhe havia acontecido. Talvez tivessem se preparado para o pior: um homem prematuramente envelhecido e demente, fisicamente decrépito. Eles iriam se surpreender, e isso é o que importa na história, mais do que os ricos detalhes da abnegação.

Contam-nos que ele veio ao seu encontro com um sorriso; não estava muito gordo, pela falta de exercício físico, nem tão magro, pela falta de comida. Apresentava uma compleição radiante, seus olhos brilhavam, sua mente clara e racional, são de corpo, mente e espírito, livre e desapegado dos medos e desejos do ego, do medo da rejeição, do desejo por aprovação. O único defeito físico de que temos notícia é o de seus dentes, que estavam desgastados de tanto comer pão ressecado, sua principal alimentação. Seu exemplo inspirou muitos seguidores, e ele é reverenciado como fundador do monaquismo cristão.

Tal como se tivesse saído de um templo, Antão se adiantou iniciado nos mistérios e repleto do Espírito de Deus. Era a primeira vez que o viam fora do forte. E, ao vê-lo, começaram a se perguntar, pois que ele apresentava o mesmo corpo que antes lhe fora habitual: nem gordo, como um homem que não se exercita, nem magro pelos jejuns e conflitos com os demônios; mas ele era o mesmo que eles haviam conhecido antes de seu retiro. E, também, sua alma estava livre de mancha, pois nem se achava contraída, como por aflição, nem relaxada, pelo prazer, nem possuída por risada ou por melancolia, pois ele não se perturbava ao contemplar a turba, nem mesmo se enchia de alegria por tantas pessoas saudarem-no. Porém, de modo geral, ele era equânime, como se fosse guiado pela razão, atendo-se a um estado natural. Através dele o Senhor curava sofrimentos do corpo de muitas pessoas presentes, purificando outras com espíritos maus. E Ele conferia graça à fala de Antão, de modo que ele consolava a muitos que estavam infelizes e eliminava as discórdias, exortando a todos a preferir o amor de Cristo acima de todas as coisas do mundo (SANTO ATANÁSIO. *A vida de Santo Antão*).

Caso tomemos a história literalmente, em todos os detalhes, somos convidados a uma comparação com o herói da Ilha do Diabo, no livro e filme *Papillon*, de Henri Charriére, que, apesar dos longos anos de cárcere e abusos, não deixou que seu desejo pela liberdade diminuísse. Contudo, na versão de Atanásio, que é uma afirmação teológica, por meio de seus anos de *ascese*, não foi apenas a sua mente, mas seu corpo que, na verdade, foi melhorado e trazido à mais completa saúde. A sequência é de importância capital para o entendimento da história. Toda essa *ascese* foi apenas o início da verdadeira obra de Antão: seu serviço aos outros no mundo. Ele havia encontrado seu verdadeiro eu em Deus, e agora havia se estabelecido em seu "estado natural". Contam-nos que dali em diante ele se entregou aos quatro grandes caminhos de serviço aos outros: ensinar, curar os doentes, reconciliar onde houvesse discórdia e estender conforto aos infelizes.

Mesmo se dermos um desconto para as intenções de quem nos conta a história, ainda podemos enxergar nessa descrição arquetípica da jornada espiritual uma parábola que, pelo seu significado para nós, é útil em nossas circunstâncias, que são muito diferentes. A história ilustra a ideia essencial cristã de que o trabalho da contemplação é de amor e só pode ser medido completamente por meio do amor que ele produz. Também não há nada de mórbido nesse difícil primeiro estágio da jornada espiritual, por mais longa que seja a duração do processo de purificação. Antão não nos dá qualquer indicação no sentido de que o corpo ou o desejo físico estejam sendo punidos; nenhuma percepção de que estejamos procurando reprimir ou destruir qualquer parte de nós mesmos, nem mesmo de que estejamos lacerando nosso ego. Encara-se a dor como sendo terapêutica. Seu ego e seu corpo se tornaram mais saudáveis por causa da autodisciplina. O seu caminho para essa nova saúde não foi o da dor, mas o da simplificação, ainda que tenha sido mais radical do que aquilo que atrai a maioria de nós. Isso ilustra a fé como um meio de cura, um meio de se chegar à inteireza. Disso também vemos como a santidade, verdadeira e arduamente adquirida, automaticamente se coloca a serviço dos outros.

*

A biografia que Santo Atanásio fez de Antão chega a certo grau de detalhe gráfico, um sonho junguiano acerca das provações por que ele passou, para enfim chegar a essa mente calma e compassiva. Suas tentações inspiraram muitas obras de arte, séculos mais tarde, de Bosch a Dali. Muitas delas enfatizam as tentações eróticas, mas o relato propriamente dito ressalta a purificação motivacional e a transcendência do ego. A purgação é difícil, mas natural, inevitável e doadora de vida, tal como experienciamos também na meditação. Trata-se de uma limpeza da memória. Nós também precisamos encarar os mortos, enxergar através dos fantasmas de nosso passado e olhar para eles sem morrer de medo. No mesmo pacote precisamos encarar nossos eus, que estão mortos ou arquivados, nossos apegos adormecidos, medos e culpas reprimidos e, acima de tudo, as perdas que tivemos que suportar. Precisamos olhá-los nos olhos, porque não há outro meio de nos libertarmos de sua influência, para que possamos nos reciclar e nos atualizar, de maneira completa, até o presente. Na internet, quando acessamos um site nos meus "favoritos", nos damos conta de que nada mudou desde nosso último acesso. Se acionarmos a opção "atualizar página" as coisas giram no ciberespaço e quando a página reaparece é possível vermos uma versão mais nova e mais atualizada. Precisamos parar de viver no passado e nos atualizar, para estar vivos e desfrutar nossa liberdade.

Precisamos romper com os hábitos que nos mantêm sob controle, por meio de nossa história pessoal ou condicionamentos culturais. Na combinação de nossos próprios esforços, sustentados pela fé com a graça, que certamente nos alcançará se permanecermos fiéis ao processo, acontecerá uma repadronização de nós mesmos.

> Não vos conformeis com este mundo, mas transformai-vos renovando a vossa mente (Rm 12,2).

Para conseguir isso precisamos tirar nossos sapatos à medida que entramos no solo sagrado do momento presente. Um dia Moisés encontrou Deus em uma sarça que ardia sem se consumir. Isso descreve bem o momento presente. Dela Ele lhe ordenou para que tirasse as sandálias, porque estava em solo sagrado. Os primeiros comentários a essa ordem explicam que Moisés tirou suas sandálias de couro, feitas de pele morta, que o separavam do contato direto com o solo sagrado da realidade. Essa reconexão com a experiência direta é o que ocorre na meditação, à medida que colocamos de lado as recordações, a melhor maneira de purificá-las. Não se trata de uma técnica de aplicação única, nem mesmo do tratamento de dez dias com antibióticos, mas de um processo que passamos a cumprir, cada vez mais, como um caminho de fé. À medida que caem os preconceitos e os apegos que distorcem nossa percepção direta da realidade, quando colocamos de lado os pensamentos, nós nos reconectamos diretamente com todas as coisas. Descolam-se os rótulos que fixamos, as etiquetas de preço e os crachás. Naquele momento sentimos isso como se fosse uma perda, mas trata-se de um prelúdio para o encontro de algo.

Muitas vezes, no estágio de purgação, sentimos uma ansiedade à medida que se abala o sistema convencional de rotulagem ao qual fomos condicionados, que começa inclusive a nos parecer redundante. As pessoas que são religiosas frequentemente sentem como se estivessem "perdendo sua fé", quando, de fato, ela começou a crescer, talvez pela primeira vez em muitos anos. Grande parte das verdadeiras mudanças inicialmente se parece com a perda.

Por isso, ficamos muito tristes quando ouvimos falar de pessoas que atravessam um estágio difícil e purificador da meditação e que se dirigem a um diretor espiritual que não possui suficiente conhecimento pessoal da experiência contemplativa. Ao ouvir que a pessoa se sente árida, desencorajada pela falta de progresso ou que o mantra se tornou uma distração, o diretor se precipita para o diagnóstico errado, sugerindo o remédio errado. Ele poderá dizer: – Desista! Não está funcionando para você, tente alguma outra coisa!

A experiência pessoal dos estágios é uma qualificação essencial para que se possa dar aconselhamento a esse respeito. Quanto maior for a experiência do indivíduo tanto menor será a probabilidade que dê aconselhamento prescritivo. Em vez disso, ele passará a ser mais gentil, com um encorajamento mais enfático para a perseverança. Precisamos ouvir isso uns dos outros sempre que nos sentimos profundamente desencorajados. É por isso que a amizade espiritual, em lugar da direção espiritual, é a melhor maneira de entendermos o que damos uns aos outros no caminho contemplativo. Há momentos em que só podemos enxergar a "nuvem espessa", aquela que Moisés penetrou para se encontrar com Deus, e então é bom sentir o aperto de uma mão amiga.

*

Na meditação, o processo purificador nos confere uma espécie de anonimato. Podemos sentir como se estivéssemos perdendo nosso próprio nome. Quem sou, afinal? À medida que sentimos as mudanças não conseguimos responder tão prontamente a essa pergunta. Ela até mesmo nos provoca medo em momentos que questionamos nossa personalidade social. Sentimos como se estivéssemos em um país estranho, sem passaporte nem documentos, e ainda não estamos cientes de que somos cidadãos dos céus. Então, para utilizar a linguagem do Livro do Apocalipse, caso nos mostremos vitoriosos, Deus nos dará "um pouco do maná oculto" e "uma pedra branca com um novo nome nela escrito, conhecido apenas pela pessoa que a recebe". A perseverança e a fé são "recompensadas".

Nesse momento de novo nome nos sentimos atualizados em nossa nova identidade; poderá ser um momento de *satori*, uma experiência de iluminação espontânea. Para o praticante do Zen, esse é um teste crucial do progresso, e o mestre precisa validá-lo como sendo genuíno. Porém, para o cristão, o foco não é o mesmo, e o teste da fé não se dá nas experiências individuais de iluminação. Elas chegam para qualquer praticante verdadeiro, é claro, de tempos em tempos, mas no caminho cristão da fé não as procuramos nem julgamos nossa meditação pela intensidade ou pela frequência desses momentos de iluminação. Em lugar disso enfatizamos o crescimento na fé, que é testado e verificado pela expansão de nossa capacidade de amar.

O estágio purgativo tem tudo a ver com reprogramação, entrega, com abandonar a autorrejeição, as dúvidas e os sentimentos de autodepreciação que se aderem a nós como um velcro. Todos esses estados de espírito impedem ou bloqueiam o progresso, porque fazem com que nos identifiquemos com a prisão de nossas limitações. À medida que empurramos o horizonte para mais longe, percebemos que todo o processo da fé tem tudo a ver com aprendermos que somos amados. Descobrimos que nenhum sistema de crenças pode nos salvar, mas que a fé nos cura. E que a fé ativa no amor pode salvar e libertar.

O poder purificador desse estágio da fé é a atenção, a pura atenção. De fato, estamos voltando e sustentando nossa atenção para o bem que há em nós, a bondade natural que está no núcleo de nosso ser. Não se trata de, como poderia nos parecer, tornar-se autocentrado e obcecado com o próprio sucesso espiritual. Reconhecemos facilmente o sinal de que não se trata de autofixação, e isso nos desperta para a bondade essencial nas outras pessoas, mesmo naquelas que nos machucaram, e para a pura bondade no coração do mundo. "Deus viu tudo o que tinha feito, e viu que era muito bom."

Manter nossa atenção sobre o bem, mesmo nos tempos em que tudo o que podemos sentir é tóxico e sem sentido: esta é a obra da fé. A atenção purifica, o mantra é a obra da pura atenção, e a fé simples de que necessitamos para repeti-lo nos ensina o que a fé significa, de maneira muito simples e direta. O trabalho de purificação se torna mais simples, e até mesmo mais fácil, quando compreendemos que nosso poder de atenção nada mais é do que a atenção que nós mesmos estamos recebendo. Nossa capacidade de dar atenção é igual à atenção que estamos recebendo no mais profundo centro de nosso ser. Ninguém tem nada para dar que já não tenha recebido, e o conhecimento disso é pobreza de espírito.

A compreensão poderá se desenvolver lentamente ou por vezes nos atingir como uma tonelada de tijolos. O entendimento disso marca uma transição do estágio purgativo para o desenvolvimento do próximo, o início do estágio iluminativo. A purgação, é claro, continua ao longo de toda a vida, mas a ênfase muda do fogo purificador, purgatório, no qual se consomem os desejos e temores do ego, para a influência transformadora da luz de Cristo.

*

Nesse primeiro estágio da fé o processo de purificação dispara uma limpeza nas memórias que não mais pensávamos ter.

Parece-se com uma limpeza que fazemos em nosso quarto depois de muitos meses, ou uma limpeza de primavera que fazemos anualmente. Ficamos surpresos ao ver quantas coisas acumulamos e guardamos e que deveríamos ter jogado fora há muito tempo. Tal como acontece ao começar a meditar, primeiramente ficamos muito entusiasmados com o processo, e mesmo que adiemos ou encontremos todo tipo de desculpa para não fazer isso com seriedade, mais cedo ou mais tarde o faremos. Trata-se, é claro, de nossa casa; trata-se de algo que nós sabemos, que nós devemos fazer. Não podemos simplesmente contratar alguém para fazê-lo por nós, porque somente nós sabemos exatamente o que podemos jogar fora, o que devemos manter e onde gostaríamos que as coisas ficassem.

Existe um momento na jornada da fé em que nos sentimos preparados para nos doar, de todo coração, a essa obra de purificação. Em meio à limpeza mental e à arrumação emocional enfrentamos – e mais cedo ou mais tarde expulsamos o medo – nosso maior obstáculo: o inimigo do amor. Este é um processo que continua, mesmo após termos começado a nos dar conta dos efeitos e, assim, experienciamos a nova alegria da liberdade.

Porém, existe uma fase inicial na qual ele é novo e pouco familiar e que ainda não vislumbramos os resultados, quando estamos mais vulneráveis aos ataques daquilo que os primeiros mestres chamaram de *acídia*. Trata-se de um vírus complexo e recorrente, até mesmo quando nos sentimos confiantes de já tê-lo superado. Desaprovação, falta de energia e de esperança, uma sensação de fracasso e de impaciência, raiva para com as pessoas que nos levaram a esse caminho e o invejoso e infiel olhar para o outro lado da cerca, para as áreas em que o capim é mais verde; estes são os sintomas, e como bons viajantes precisamos ser capazes de reconhecê-los e de resistir a eles. A melhor cura está em falarmos disso, aberta e confidencialmente, com um amigo em quem podemos confiar e retomar a prática tão brevemente quanto possível. A *acídia* vem em ondas como a neblina, mas, entre elas, a vista se torna cada vez melhor e a paz cada vez mais profunda.

Por vezes é difícil reconhecer os benefícios, porque o trabalho da primeira fase tem caráter contínuo e se desenrola em um nível mais sutil. Facilmente nos esquecemos de como costumávamos ser. No entanto, um dos frutos que mais prontamente podemos ver crescer, com o passar do tempo, é o decréscimo no nível de medo em nós. Os mais diversos tipos de acontecimento podem gerar medo e dar forma a padrões debilitantes que nos aprisionam e reduzem nossa liberdade para amar. O medo pode ser gerado pelo próprio amor, quando sentimos o terror de sermos possuídos. Existe também o medo de não sermos dignos de ser amados, o medo do fracasso, até mesmo o do sucesso, da rejeição, da inadequação, da doença, do sofrimento e da morte. A contradição do amor, em essência, é o medo, e não o ódio; o medo paralisa o amor e mina a fé. Até mesmo o ódio ou a raiva contra outra pessoa podem disfarçar uma forma desintegrada de amor. Portanto, não causa surpresa que o verso que mais frequentemente se repete na Bíblia seja "não tenha medo", ou que o único mandamento de Jesus seja "amai-vos uns aos outros".

Se, por um lado, o medo se opõe ao amor, por outro, a atenção o cultiva. De fato, a atenção pura, que é oração, é, em si mesma, uma manifestação de amor. A sabedoria mística cristã diz que a ação da contemplação é uma ação do amor, não uma ação prevalentemente moral ou intelectual; não um tipo platônico de conhecimento ou um tipo extraterrestre de sabedoria, mas amor. Ele é pessoal, relacional, está incorporado no presente e, quando suficientemente forte, expulsa o medo.

Meditatio é a "oração pura" que os primeiros mestres da tradição descreveram. Assim o é porque é atenção pura e não dividida; não é um pensar a respeito de Deus ou um pensar para solucionar os nossos problemas, mas prestar atenção em Deus, olhando para nossa ansiedade de cima para baixo. Um dos resultados mais evidentes da prática regular é a redução nos níveis de medo em nossa vida.

*

O medo teme até a si próprio. Tornamo-nos mais inseguros e pouco naturais tão logo percebemos que sentimos medo, principalmente quando, do ponto de vista racional, podemos ver que não há nada a temer. Porém, quanto mais tememos a rejeição, a incerteza da vida, os riscos de nos darmos a conhecer, doar e de nos expressar, mais poderemos ver que estamos perdendo nossa liberdade. Passamos a temer a sensação de medo e a evitar as situações que podem despertá-la. Ele passa a ser subterrâneo e nos controla a partir do inconsciente.

No livro *1984*, de George Orwell, seu herói, Winston, passa por um processo de lavagem cerebral. A tortura ocorrida na sala 101 é uma parte de seu ordálio. O que há na sala não é um terror objetivo; trata-se de algo pura e terrivelmente subjetivo, ou seja, daquilo que mais tememos. Caso você já o tenha visto antes, aquilo que mais teme, ali o encontrará.

O poder do medo e a necessidade de eliminá-lo se refletem nos grandes mitos, nos quais o herói, na busca por suas origens, ou pelo Santo Graal, precisa entrar em um local que dá medo. Ali ele encontra e mata um monstro terrível, que é o objeto que dá corpo a seu medo. Teseu entra no labirinto para encontrar o Minotauro; o herói anglo-saxão, Beowulf, deve enfrentar o monstro, a mãe de Grendal. Jesus, assim como todos nós, transpira medo ao encarar sua morte iminente. Esses contos e mitos nos falam, educam, porque evocam a sala 101 em cada um de nós. No Evangelho, em que encontramos uma representação histórica do mito, Jesus é uma pessoa real, que dá corpo às verdades do mito em tempo real. Cada um de nós precisa fazer o mesmo. Ele também persegue e derrota o maior de todos os inimigos, aquele que mais tememos e cujo medo reprimimos mais completamente: solidão e morte.

*

Nesse primeiro estágio da fé mergulhamos mais fundo do que nos seria confortável. Algumas vezes isso nos leva a "densas trevas", onde não enxergamos nada e entendemos ainda menos. Algumas vezes isso se torna uma "noite escura", na qual sentimos um verdadeiro desnudamento e uma redução de nossa percepção fundamental de identidade. Ocasionalmente o sentimento desta primeira fase pode ser ilustrado por aquela sensação doentia que temos quando nos damos conta de haver deletado, de maneira irrecuperável, um arquivo importante do computador. Obviamente, isto não é uma constante. Caso fosse, haveria ainda menos meditantes; porém, pode ser periodicamente recorrente. Com o passar do tempo vislumbramos que a jornada de fé está, na verdade, sendo dirigida por uma mão ou uma presença que não é diretamente perceptível. Sempre que olhamos para onde nos parece estar, ela desaparece. Sentimo-nos empurrados para cá e para lá, na direção de dilemas ou de becos sem saída. Chegamos a algumas encruzilhadas nas quais não sabemos que direção tomar, mas somos instruídos por algo que provém de nossa mais profunda ignorância. Inclinamo-nos para uma direção que acaba se mostrando a certa, ainda que jamais pudéssemos tê-la adivinhado. Vemo-nos em situações críticas, das quais quiséramos manter grande distância, mas que, através delas, relutantemente enxergamos exatamente aquilo que precisamos para nosso desenvolvimento.

Sem nunca estarmos completamente perdidos, existe uma sensação sutil de orientação, sem que seja abstrata, mas íntima, uma força à qual damos o nome de Espírito Santo. No entanto, há ocasiões em que adentramos trevas nas quais precisamos avançar tateando. Não entendemos o porquê de estarmos ali ou para onde estamos indo. Não entendemos o propósito de coisa alguma. Nesse ponto chega a parecer muito difícil enxergar o porquê de mantermos a fiel disciplina da meditação, isto é acreditar em alguma coisa. O que realmente estamos conseguindo extrair dela, exceto trevas ainda mais densas? Não entendemos o significado da jornada, nem mesmo se ela sequer é uma jornada, e não uma série de eventos ao acaso, interligados apenas por nossa imaginação desesperada. A romancista canadense Margaret Atwood, assim como os Padres do Deserto e os mestres espirituais de todas as tradições que ensinam a fé em tais momentos de desesperança, acredita que "o poço da inspiração seja um buraco que nos conduz para baixo". Se o buraco ali está, então devemos entrar nele para descobrir que se trata de uma dimensão de profundidade na qual a inspiração brilha no escuro. As palavras dos sábios e a sabedoria das Escrituras são recursos preciosos e dão sustento para que nossa experiência faça sentido nesses momentos de provação. Mais de John Main:

> A essência de toda pobreza consiste no risco do aniquilamento. Esse é o salto de fé que damos de nós mesmos para o Outro. Esse é o risco que todo ato de amor envolve (MAIN, J. *A palavra que leva ao silêncio*, p. 46).

5

Estágios da fé: iluminação

A cidade de New Harmony, no Estado de Indiana, foi fundada no início do século XIX como um novo modelo de sociedade. Robert Owen, um utopista do País de Gales, mudou-se para lá e tentou construir uma forma de vida que viesse dar corpo à sua visão idealista da natureza humana e seu potencial. Dentro de curto espaço de tempo, o projeto, assim como aconteceu com as comunidades alternativas dos anos de 1960, bateu de frente com a parede da realidade. Owen, desiludido, voltou ao velho mundo, e a cidadezinha sobreviveu de maneira sonolenta para tornar-se, ao final daquele século, o grande centro do mapeamento geográfico norte-americano, para depois adormecer novamente. Ela foi acordada mais uma vez pelo novo tipo de idealismo de Jane Blaffer Owen, uma herdeira da indústria do petróleo do Texas. Sustentando suas ideias com regularidade de investimentos, a pequena cidade foi reformada, casa por casa, para se tornar um centro do ecumenismo espiritual e artístico, de estilo visionário.

Em 1991, ano seguinte ao do fechamento do priorado, realizamos o John Main Seminar em New Harmony, porque Jane, que se sentira inspirada pelos escritos de John Main, ofereceu subsídios para o mesmo. Bede Griffiths, monge beneditino inglês que passara a maior parte de sua vida na Índia e era reverenciado como sendo um dos grandes mestres espirituais da renovação do cristianismo, deveria conduzir o seminário. Ele insistia que o foco devia ser dado à visão que John Main tinha da comunidade, à luz da meditação. Para o Padre Bede, John Main foi o mestre espiritual contemporâneo mais importante, precisamente porque ajudou a recuperar a prática contemplativa para a vida cristã do dia a dia.

Várias vezes ao dia os participantes que ele havia atraído das mais diferentes partes do mundo sentavam-se com ele dentro da grande igreja sem teto que Jane Owen fizera construir. Ainda que na ocasião não fosse tão claro, logo vimos que ali estava se projetando um grande mosteiro sem paredes. Com seu comedido tom inglês e sua prosa lúcida, o Padre Bede, que então contava 85 anos e estava a apenas dois anos de seu fim, ministrou duas conferências ao dia. Andava descalço, como era de sua preferência, com as vestes açafrão de um sannyasi, de um lugar ao outro da cidade, passando a exemplificar um novo idealismo que une sabedorias antigas, entrelaça culturas e serve a uma modernidade voltada para o futuro. Com base em sua própria experiência na Índia, e na visão de John Main que havia sido divulgada até aquele momento, ele esboçou um animado e revigorado tipo de monaquismo laico e, por conseguinte, um novo tipo de igreja. Nos intervalos entre palestras e períodos de meditação nos reuníamos para discutir o futuro do projeto de Padre John, que parecia estar estagnado e ter entrado em colapso, mas que, de fato, ninguém acreditava fosse esse o caso.

Foi durante essas discussões cheias de esperança, intensas e às vezes engraçadas que esse utopismo encontrou expressão em uma organização, com uma constituição, um líder e uma mesa diretora. Levamos um longo tempo para solucionar o problema do nome a ser dado a ela. As opiniões estavam divididas. Em geral, as pessoas acreditavam que devia ser descritivo. Finalmente chegamos a uma escolha entre duas alternativas: Comunidade Mundial de Meditação Cristã ou Comunidade Mundial para a Meditação Cristã. Levamos isso ao nosso sábio para que ele decidisse. Imediatamente optou pelo "para". A partir de uma morte, nascera uma nova vida, com clara intenção e missão: ensinar a meditação nesta tradição, dentro de "um espírito de servir para a unidade de todos". Ao partirmos para a implementação disso começamos a enxergar aquilo de que já fazíamos parte. O vento de um Pentecostes contemplativo soprara em nosso meio, e a partir de um ponto de difícil descrição uma força nos empurrara de volta para o mundo real, para falar sobre o silêncio e para viajar aos mais distantes recantos pela causa da quietude.

A luz brilha nas trevas e as trevas não podem sobre-pujá-la. A fase seguinte da fé, que agora abordaremos, é o estágio iluminativo. Aqui temos três frases de John Main que nos ajudam a olhar para a Luz:

+ Só com os olhos da fé podemos ver o Jesus ressuscitado.

+ Precisamos dessa visão esclarecida para poder enxergar Cristo e toda a vida com essa nova dimensão da fé.

+ Para enxergar, para sermos capazes de adentrar essa nova visão da vida, precisamos da sabedoria que penetra além das aparências.

Assim, também agora poderemos pensar na fé como sendo a capacidade de enxergar a diferença que existe entre o superficial e o profundo; de discernir entre o que é transitório e o que é permanente.

*

A meditação reunifica o puro facho de luz que, em nossa percepção, o prisma do ego fragmentou. Ela conduz a uma nova maneira de ver, uma maneira de perceber que funde sua prática diária com a vida e o trabalho cotidiano, como um caminho integrado de fé. Sempre que, como uma criança, vemos algo pela primeira vez, ficamos encantados. O mundo está repleto de encantos que ainda não foram descobertos, e não conseguimos entender por que nossos pais não ficam impressionados com eles. Certa vez eu estava esperando minhas malas junto à esteira de um terminal de aeroporto. Parecia-me uma espera interminável, e eu só queria sair para o ar fresco, depois de horas de respiração em ambientes artificiais. Então, reparei num pequeno menino que olhava para a esteira com atenção totalmente polarizada. A excitação dele subiu às alturas quando finalmente a luz indicativa piscou e o alarme soou, anunciando a chegada das malas. Quando suas próprias malas chegaram, ele avisou o pai aos gritos, mal se aguentando de alegria e encanto. Eu estava apenas satisfeito por minhas malas não terem se extraviado novamente. Quem quer que amasse aquilo não amava à *primeira vista*? Quem jamais terá visto o mundo pela primeira vez sem ter caído de amores por ele? Porém, gradualmente nos esquecemos dessa emoção da *primeira vista*, à medida que a vida se torna rotineira e o estresse impede a entrada da alegria e do encanto. Todavia, podemos recuperar a experiência da *primeira vista* em um outro nível de percepção. Mas se não a recuperarmos deixaremos de nos desenvolver. Assim, a fé é a capacidade de ver novamente pela primeira vez.

*

À medida que interna e externamente a vida "se integra", sentimo-nos menos estressados, mais sintonizados com a realidade de primeira-mão. A sustentação desse processo de visão na fé ilustra a razão que levava John Main a fazer uma distinção crucial da prática espiritual, isto é, como uma *técnica* ou como uma *disciplina*.

Uma técnica é algo que está fora de nós, uma ferramenta sob nosso controle, com a qual alcançamos os resultados desejados quando adquirimos certa especialização. Certamente é importante dominar certas técnicas, seja para aprender uma nova língua, para administrar uma grande empresa ou para dirigir um trator. Oxalá, de maneira equilibrada, o ego possa pilotar a técnica e monitorar o resultado desempenhado. A diferença entre uma técnica e uma disciplina reside essencialmente na atitude que está por trás de nossa abordagem prática. Um discípulo (origina-se do latim *discere*, aprender) é movido pela fé mais do que pela força de vontade necessária ao domínio das técnicas, ainda que haja uma pitada de fé na força de vontade, e de força de vontade na fé. A disciplina, no entanto, demanda a abordagem mais duradoura e profunda acerca dos resultados. Ela ensina o desapego ao imediatismo e controla a impaciência; portanto, torna-se cada vez mais livre do sistema de controles do ego, com suas complexas misturas de medo e desejo. Por fim, a disciplina transcende o egoísmo, tornando-se altruística e tanto mais profunda e permanentemente transformadora.

Sem disciplina não conseguiremos amar ou servir aos outros de maneira séria; sem aprendê-la não conseguiremos ser livres. Uma prática espiritual executada disciplinadamente gera consciência que vai além do nível egoico de percepção, despertando uma nova maneira de ver. Ela também nos ajuda a ver os frutos da prática de uma nova maneira, e isso dá acesso a um nível de energia que está além, até mesmo, do que o maior ou o mais bem focalizado ego pode imaginar. Trata-se da energia não coercitiva do espírito, que o desejo do ego por controle e dominação jamais poderá alcançar.

Aquelas pessoas que buscam o poder por meio de técnicas de controle jamais encontrarão a paz. Quanto mais poder elas adquirem, mais temerosas se tornam. Poderão sacrificar a saúde, a família e a integridade pessoal para obter sucesso, mas não serão capazes de fazer o sacrifício que iria satisfazer verdadeiramente seu desejo pela transformação deste: a renúncia ao ego. Fazemos esse sacrifício na disciplina da meditação, direcionando o foco de nossa consciência para fora de nós mesmos. Inicialmente percebemos isso como perda, porém, mais adiante, veremos que foi ganho.

Nessa transição entre o primeiro e o segundo estágios da fé poderá haver uma dolorosa experiência de separação ou perda. A mudança do direcionamento dado ao foco da mente se assemelha mais à extinção da consciência do que à libertação. João da Cruz descreve esse período como a "noite dos sentidos", na qual a pessoa sai de um tipo devocional de experiência religiosa, que lhe é familiar e que possui um significativo nível de satisfação para o ego, para a visão altruística da contemplação. Nessa fase a sensação de perda afeta não apenas a experiência anterior e confortadora de Deus, que uma espiritualidade mais dirigida pela técnica conferia, mas a própria fé.

Perda é separação. Com um realismo duro, que não seria de se esperar dele, Jesus afirma ter sido enviado não para trazer a paz, mas a espada. Esta não é violência, mas a separação necessária para a individuação, a perda que precede a descoberta. Ele ensina o desapego radical, a pobreza de espírito, e sobre as perdas e separações necessárias para que se cresça objetivando a plenitude.

Essa verdade está imbuída do símbolo da partição do pão, que precede o momento da comunhão. Não há reunião sem o fracionamento. A separação e a perda causam repulsa natural, porque são dolorosas, mas a visão da fé nos permite resistir a elas com a esperança, que nasce e renasce na fé que experienciamos no discipulado.

*

Ao aprendermos a ser discípulo descobrimos a maneira de nos mantermos fiéis e evitarmos as tentações de fugir antes que a obra se complete. O discipulado nos fortalece para defender nosso posicionamento e perseverar. Ele tem suas raízes na lei da separação e da união, tal como vivenciada no relacionamento com o mestre, em particular intimidade. Em sua forma mais completa esse relacionamento nos faz compreender todo o processo do desenvolvimento humano. Entre mestre e discípulo, os elos de fé e amor, desapego e união, imanência e transcendência são vivenciados na experiência cotidiana que conduz cada um deles a níveis mais elevados de integração. De sua parte, a fé do discípulo precisa se fundamentar em completa honestidade e abertura. Para que possa representar o seu papel o mestre precisa estar repleto de vacuidade. Também precisa estar igualmente comprometido e desapegado, permanecendo fiel até mesmo quando do for traído ou rejeitado.

Um mestre incorpora desapego amoroso por meio da permanência no vórtice do paradoxo, permanecendo ao mesmo tempo comprometido sem ser possessivo, compassivo sem ser controlador. Tal mestre merece nossa fé. Apenas um mestre assim pode receber a doação de si, que o discípulo aprende a fazer por meio de imitação e inspiração. No relacionamento com o mestre o discípulo abandona por completo o sistema egoico de medo e desejo, retira o foco da consciência de si, apontando-o para o mestre e, por fim, para além dele, para aquilo a que o próprio mestre está voltado. Poucos são os mestres que podem representar esse papel. Onde podemos encontrar um com essa qualidade de fé?

É melhor deixar que o mestre te encontre. "Vocês não me escolheram", disse Jesus a seus discípulos; "Eu escolhi vocês". Isso é uma afronta ao nosso ego, porque gostamos de ser os responsáveis pelas nossas próprias escolhas. Contudo, encontrar um mestre espiritual não é o mesmo que se cadastrar para um curso na faculdade. O discípulo cristão sente ter sido escolhido por ter oferecido seu consentimento a este chamado. Visto que a imagem do cristianismo está atualmente fora de moda, isso pode nos parecer uma bênção contraditória, e muitos cristãos mantêm a sua fé prudentemente oculta de seus círculos sociais ou do trabalho, pois poderiam ridicularizá-la. Porém, Jesus é o Mestre deles; ainda que, tal como Nicodemos, o discípulo vá até Ele sob o manto da noite, temeroso do julgamento alheio. "Um só é vosso guia, Cristo", diz Jesus, sugerindo que a fidelidade no relacionamento do discipulado se espelha no casamento ou em outras formas de autodoação.

Qualquer outra pessoa que o cristão venha a chamar de mestre não rivaliza com esse relacionamento, mas o reflete. A esse respeito, o discipulado cristão difere do sistema oriental do *guru*. A distinção que define a fé cristã é a de que encontramos o *satguru*, o mestre-raiz, em Jesus. Ao depositar sua fé no mestre, o discípulo aprende o que significa o abandono, mesmo quando não sabe o que acontecerá a seguir. No entanto, o discípulo consegue adentrar essa "escuridão da fé" precisamente porque ele não está apegado a nada; nem mesmo ao mestre ele pode se apegar. Durante uma crise poderemos sentir o aperto de sua mão, mas, em seguida, ele a terá soltado e novamente estaremos por nossa conta. Porém, paradoxalmente, essa é a condição para o relacionamento.

"Não se agarre a mim", diz Jesus a Maria Madalena. Em todas as aparições da ressurreição, sempre que Ele aparece, desaparece novamente. Quando desaparece de sua vista, no entanto, os discípulos não se sentem abandonados ou temerosos; não correm atrás dele nem o chamam de volta. De tanto que seu desaparecimento parece não afetá-los, tudo se passa como se eles jamais fossem se sentir desolados em qualquer situação. Iniciou-se uma nova maneira de ver as coisas, e se, certa vez, nós o tenhamos conhecido à maneira da carne, não mais o conhecemos assim. A natureza do discipulado com Jesus é a do relacionamento com a *sua* vacuidade. Esta é a essência da fé cristã.

Ainda assim, *há* um elo pessoal. Jesus nos diz para tomarmos sobre nós o seu jugo suave e segui-lo sem olhar para trás. O discipulado é, portanto, a primeira onda da transcendência do ego. Entretanto, verdadeiros discípulos são tão raros quanto verdadeiros mestres, por ser tão fácil emperrarmos logo nos estágios iniciais de nosso crescimento na fé. Para completar a jornada devemos pagar um alto preço. Aquilo que o Oriente chama de "a graça do guru" reflete o que Dietrich Bonhoeffer chamava de "a custosa graça" da fé cristã. Ele disse que ao respondermos ao chamado para seguirmos Jesus não estamos professando uma crença, mas fazendo um puro ato de obediência, um ato de fé. Não sabemos para onde isso irá nos levar. Tudo que sabemos, ao certo, é que esse será um caminho de alegria.

*

O discipulado é a transição para o próximo estágio da fé: o esclarecimento, a iluminação. Tal como sabemos, isso significa enxergar as coisas, e a nós mesmos, sem as distorções do ego e de suas projeções; sem as ilusões cristalizadas pelos apegos, mas, como uma criança que vê todas as coisas pela primeira vez, tal qual elas são realmente. Ambas as dimensões da realidade, a exterior e a interior, gradativamente se sintonizam com essa mudança de percepção. Vemos isso ocorrer como vemos as mudanças em nossas vidas que se seguem a qualquer ato de fé que seja sustentado. Os valores e os desejos passam por uma mudança radical. Ganham nova dimensão o significado do trabalho e a concepção daquilo que precisa ser alcançado. A percepção modifica a maneira como vivemos. Nesse sentido, William Blake diz: "O tolo não vê a mesma árvore que o sábio vê".

É isso que está implícito na experiência de se ganhar um novo nome, tal como descrita no Livro do Apocalipse. "Ao vencedor [fala daquele que passou para o próximo estágio da fé] darei do maná escondido", uma fonte interior de sustento que o alimentará durante a próxima fase de sua jornada. "E lhe darei também uma pedrinha branca, na qual está escrito um nome novo, que ninguém conhece, exceto aquele que o recebe."

Qual poderia ser o significado dessa imagem enigmática? Se o novo nome só é conhecido pela pessoa que o recebe, então, quem o terá escrito? No mínimo, também precisa ser conhecido pela pessoa que o escreveu, a menos que ela o tenha esquecido imediatamente após o fato. Talvez haja aqui uma maneira de entendermos o que acontece no estágio da iluminação, quando chegamos a um autoconhecimento e um autorreconhecimento mais claros. Parte importante da vida consiste em dar nome às coisas. Dar um nome para um novo filho ou a um livro, nomear o medo ou a emoção que nos afetam são decisões importantes. Porém, esse texto aponta para um tipo diferente de nomeação. Trata-se de uma nomeação pouco usual, porque o nome e o que é nomeado são uma única e mesma coisa. Toda linguagem aspira a igualar a palavra com o que ela designa.

Em determinada ocasião, Jesus perguntou a seus discípulos: "Quem vocês dizem que eu sou?" Pouco antes Ele havia perguntado: "Quem as pessoas dizem que eu sou?", e isso havia capturado a atenção deles. Porém, essa nova pergunta, que convida a uma resposta pessoal, é um nocaute no processo da fé. Trata-se de um momento poderoso na história do Evangelho, tanto quanto na jornada pessoal da fé cristã, porque o Mestre dá a impressão de estar se colocando nas mãos dos discípulos, por permitir que eles o nomeiem. Ele não está à procura da aprovação deles; não carece de atenção. Porém, claramente, Ele tem um objetivo: ao ignorar o que as pessoas dizem a seu respeito, Ele se distancia dos rótulos de opiniões. Depois que os discípulos dão suas respostas pessoais, Ele não tece comentário, a não ser para lhes dizer que mantenham silêncio e, então, ministra seu ensinamento acerca da necessidade de renúncia a si mesmo. O Mestre se recolhe para um anonimato íntimo. Ao mesmo tempo em que se adianta Ele se recolhe à sua própria vacuidade. Somos convidados a explorar tal vacuidade e a ver que ela não é nada menos do que o mistério do Espírito, sem forma e sem nome, o Ser.

A iluminação ou o esclarecimento é uma autonomeação silente e anônima. O nome só é conhecido pela pessoa que o recebe porque ele é pronunciado por ela mesma. Porém, é a partir de uma nova maneira de ver as coisas que se produz o ato de pronunciá-lo. Não se dá nome a si por escolha, como no caso em que damos nome a um filho; trata-se de um processo não dual. Dar nome a si é despertar em autoconhecimento, que é uma expressão direta da fé, inseparável de nosso conhecimento de Deus e do conhecimento que Ele tem de nós. Porque jamais poderemos conhecer a Deus como um objeto, mas apenas pelo compartilhamento do divino autoconhecimento do Espírito, só podemos conhecer a nós mesmos porque somos conhecidos. Nossa nomeação consiste dessa realização. A pedra branca é ver as coisas novamente pela primeira vez.

Quanto mais nos aprofundamos na fé, mais adentramos na direção da não dualidade, na direção da unicidade que possibilita a diferença sem divisão, o ser sem rivalidade. "O amor de que vos falo não é nosso amor por Deus", diz São João, "mas o amor de Deus por nós, porque Ele nos amou primeiro". Ou São Paulo: "Agora vemos em espelho e de maneira confusa, mas, depois, veremos face a face. Agora meu conhecimento é limitado, mas depois conhecerei como sou conhecido".

*

Há um belo comentário acerca dessa necessidade de ser conhecido, de modo a conhecer. Trata-se do filme *Através de um espelho*, de Ingmar Bergman. Ele narra a história de uma família triste e desajustada que sofre de uma falta de comunicação crônica. Existe amor, mas não há comunicação. O pai é um escritor obcecado consigo, que tenta amar, mas nunca teve um verdadeiro relacionamento com seus filhos; uma lacuna emocional de negligência que se evidencia nas personalidades fragmentadas de ambos os filhos e no casamento de sua filha que é doente mental. Sua filha mergulha numa esquizofrenia incurável e, por solicitação dela mesma, é finalmente internada em uma instituição, em caráter permanente. O filho, que se esforça para atravessar uma adolescência de solidão e de confusão, é sobrecarregado pelo ônus da culpa e por questionamentos sobre o significado das coisas. No final do filme se encontra a sós com seu pai, nas primeiras horas da manhã, depois que sua irmã foi levada por um helicóptero. Ouve o longo monólogo de seu pai acerca da sua tentativa com a fé, seu esforço para acreditar em Deus. Ele está falando a partir de uma posição genuína, e nós, junto com seu filho, ouvimos atentamente suas ideias autorreveladoras. Não se trata de um especial endosso do amor, mas também não está destituído de esperança. Depois de falar com seu filho, ele se retira para a cama, e isso parece constituir o clímax: sua sincera, mas fracassada tentativa de expressar uma fé tênue e de acreditar naquilo que diz. Porém, em seguida, a câmera gira e focaliza o filho. O verdadeiro clímax do filme acontece nesse momento, quando o filho, com uma nova admiração e felicidade, diz simplesmente: "Papai falou comigo".

*

Não que a pedra branca simplesmente venha a cair do céu sobre a sua cabeça. O nome que vem à luz nasce de um esforço ao longo de uma jornada que lhe conduz a uma escuridão impenetrável. Trata-se de um novo nascimento. Jesus diz que renascemos em espírito. Isso acontece em um clarão de luz, mas esta luz precisa viajar por um longo percurso antes que a vejamos. "Faça-se a luz", esse é o início da criação consciente, consciência pura. "Deus é luz", diz São João. A consciência é luz, e a luz é um símbolo universal da consciência. Sob essa nova luz, aquele que não pode receber nome, que não pode ser conhecido, o centésimo nome de Deus, o nome que não pode ser pronunciado, a quem não nos atrevemos a falar, torna-se visível aos olhos da fé.

Nossa iluminação e libertação é possível porque nós somos *semelhantes* a Deus, e porque o objetivo da vida humana, tal como insistiam os Padres da Igreja, é o de passarmos a ser Deus. Não fosse por uma semelhança intrínseca, nem mesmo seríamos capazes de conceber isso.

Recentemente alguém me disse ter começado a meditar com crianças. Numa manhã, depois de meditar com elas, ele deu sequência transmitindo-lhes instruções da doutrina cristã. Desejava falar-lhes sobre a maneira pela qual fomos criados à imagem e semelhança de Deus, e lhes disse que a palavra grega para imagem era ícone, e perguntou: – Onde temos ícones? Elas responderam: – Em nosso computador. Ele disse: – Certo! E, o que acontece quando Deus clica em nosso ícone? Uma criança imediatamente atirou seu braço para cima e disse: – Nosso coração se abre.

A realização de nosso ser, a chegada ao autoconhecimento, esse é o objetivo da meditação e, na essência, trata-se talvez de algo tão simples quanto um clique, ou, para a maioria de nós, um duplo clique no ícone do eu.

A fé é a luz da consciência que se encontra no coração, e o preço do bilhete para o coração é a renúncia a si mesmo. Nesse sentido, a meditação é o ato de fé que nos conduz à viagem da cabeça para o coração, e essa viagem é feita à medida que a sentimos e a percorremos na quietude que dá origem ao fluxo das ações, manifestando-se no silêncio profundo e no falar verdadeiro. Quando meditamos nós a sentimos, porque ela é uma separação que precede a união, e porque toda viagem é uma partida, tanto quanto uma chegada. O espaço intermediário é o paradoxo. A meditação é a fé que leva a uma separação do mundo que nos é familiar, um mundo confortável, previsível e convencional. Na prática diária fazemos a escolha de sair da rotina comum por um curto período: notícias da TV, verificar os e-mails, compras ou se organizar. Suspendemos a operação da mente que planeja, imagina, resolve os problemas e faz perguntas, assim como suspendemos a ansiedade que sentimos no ponto de partida, quando entramos em um avião e até que tenhamos aterrissado, para irmos ao encontro dos problemas no ponto de chegada.

Os Monges do Deserto eram pessoas de poucas palavras. Eles descreveram essa jornada da fé, a natureza essencial da oração, como "colocar de lado os pensamentos". Estar livre dos pensamentos não equivale, necessariamente, à completa ausência deles, mas é o significado do silêncio. No trabalho de silêncio em que nos empenhamos na "jornada da meditação", os apegos e as compulsões que nos aprisionam ao ponto de partida se desfazem gradualmente no coração. Mediante o trabalho de uma prática fiel eles se diluem gradualmente para, por fim, evaporarem-se.

Fazendo uma retrospectiva, nem sempre é possível saber exatamente em que ponto do voo o medo se perdeu; ele simplesmente fugiu. Um fantasma dele pode ter ficado, mas já não tem mais poder. Por isso, à medida que nosso coração dilata, o medo dilui. A luz do coração, a luz da consciência pura, a mente de Cristo que encontramos no coração ilumina todas as coisas e permeia nossa mente no cotidiano. Infelizmente, ela não tem respostas prontas para todas as grandes perguntas, nem soluciona todos os problemas cotidianos, mas nos dá algo pelo qual passamos a ser ainda mais gratos: a confiança da fé.

*

Desley era uma australiana que não tinha papas na língua. Musicista bem-dotada e mãe de quatro garotas singulares, sofreu muito quando seu marido quebrou o voto de fidelidade e as abandonou, mas encontrou a meditação no momento certo. Era uma professora de meditação com energia e entusiasmo inesgotáveis. Foi uma de nossas melhores coordenadoras nacionais, até sentir que precisava ficar mais quieta, e, mais do que depressa, aproveitou a oportunidade para estabelecer um centro de retiros em Londres. Trabalhou duro nesse projeto, entusiasmando todos os que se aproximavam para ajudá-la. Então, em uma viagem que fizemos juntos para dar conferências ao redor do país, notei que ela estava sentindo fortes dores. Sem dar importância a elas, foi visitar sua mãe na Austrália, e ali adoeceu. Tratava-se de um mieloma. O prognóstico era desalentador e suas energias começaram a se esvair. Passou a distanciar-se fisicamente de todas as coisas que amava. Também decidiu dar fim à quimioterapia, quando esta chegou a ser por demais horrível, aceitando o passo seguinte com graça e humor, sem deixar de comandar suas adoráveis filhas até o último momento. Pouco antes de sua morte eu estava sentado ao lado de sua cama e conversávamos sobre diversas coisas, incluindo seu sofrimento e o que ela havia aprendido em suas provações, como também acerca dos projetos em andamento que desejava completar. Perguntei se estava curiosa quanto ao que iria ocorrer a seguir, após o fim. Ela parecia pensativa, como se estivesse procurando as melhores palavras; então sorriu e disse que não, não estava curiosa, e acrescentou: – Eu creio que sei como será.

Esperei mais, e, de uma maneira quieta, ela falou algumas poucas palavras comuns que, ao longo daquele breve momento, transformaram-se em janelas extraordinárias para a realidade: luz, energia, alegria, amor. Ela estava novamente vendo pela primeira vez, e sua fé brilhava.

A resposta à pergunta de Jesus, tal como acontece com todas as nossas grandes perguntas metafísicas e com os enigmas da crença, parece ser apenas isso: não palavras, mas a iluminação direta da própria experiência. Trata-se de um olhar, um conhecimento de *primeira vista*, agora como realmente é.

À luz disso, as palavras de John Main acerca da fé podem nos parecer ir ainda mais direto ao ponto:

> Jesus ressuscitado só pode ser visto com os olhos da fé. Precisamos dessa visão esclarecida para que possamos vê-lo, e toda a vida, com essa nova dimensão.

6

ESTÁGIOS DA FÉ:
UNIÃO

Ao subir ao palco, juntamente com o Dalai-Lama para a primeira sessão do Good Heart[2], dei-me conta que andávamos sobre um fio de navalha. Eu havia desejado uma vida interessante, e ali ela estava.

O Dalai-Lama visitara nossa nova comunidade em Montreal quinze anos antes, tendo participado de uma meditação do meio-dia e do almoço. Esperei no andar de baixo, ao passo que ele havia subido ao quarto do Padre John, onde eles conversaram a sós durante uma hora. Saíram irradiando uma nova amizade, e senti que haviam compartilhado o trabalho pelo mundo que cada um deles estava comprometido, de maneira muito diferente. O Dalai-Lama estava pres-

---

2. Esse foi o título do John Main Seminar levado a efeito em Londres em setembro de 1994, para o qual S.S. o Dalai-Lama foi o palestrante convidado. Essas palestras deram origem a um livro de mesmo nome, cuja tradução para o português foi publicada no Brasil sob o nome *O Dalai-Lama fala de Jesus*. Rio de Janeiro: Fisus, 2000 [N.T.].

tes a se tornar o personagem espiritual mais popular do planeta, por transformar a dor de seu exílio e o cruel destino de seu país em uma compaixão e sabedoria de caráter global. Em uma fronteira diferente, Padre John estava ajudando a cristandade a evoluir no sentido de renovar, para seus contemporâneos, uma antiga sabedoria cristã, e ele também arriscava uma inovação radical na forma de sua tradição monástica. Ambos apresentavam a profunda solitude dos grandes líderes, e eu imaginei que era nisso que eles haviam encontrado a sua intimidade.

Durante aquela visita eu era apenas um jovem monge que fazia o trabalho de bastidor. Assim, quando escrevi ao Dalai-Lama pedindo-lhe para conduzir o John Main Seminar, fiquei surpreso com sua pronta e positiva resposta. Ele se lembrava muito bem da reunião com Padre John. Fui vê-lo para discutir o seminário e só me dei conta de que precisávamos de um tema quando me perguntou sobre o que eu queria que ele falasse. Fiquei sem saber o que dizer e, então, perguntei se poderia comentar os evangelhos. Ele olhou para mim curiosamente, e eu pensei que fosse recusar, mas encolheu os ombros dizendo que não sabia muito a respeito deles; porém, que daria o melhor de si. Eu teria que escolher as passagens e dar-lhe o contexto, para que pudesse fazer uma abordagem segura e, após cada um de seus comentários, iríamos discuti-los. Pareceu-me uma excelente solução até o momento em que subimos ao palco. Foi quando me dei conta de quão peri-

gosa era aquela empreitada em que havíamos nos metido. Ainda que membros competentes da comunidade, tal como Clem Sauvé de Toronto, estivessem gerenciando o evento, percebi o tamanho do risco que o Dalai-Lama assumiu ao aceitar. Nem todos os integrantes de seu próprio pessoal de apoio se sentiam à vontade com tamanha aproximação para com os cristãos. Eu estava ciente de que nossa comunidade também se arriscava a ser criticada por colocar os textos sagrados de nossa fé nas mãos de um "infiel".

Sessão após sessão, meditação após meditação, foi crescendo em nós o sentimento de que o risco se justificava. A combinação de escritura, compartilhamento e meditação produziu uma singular intensidade e intimidade entre todos os participantes. Foi revigorante o avanço no diálogo inter-religioso, a nosso ver, e deu início a muitos anos de amizade e colaboração. Tanto o Cardeal Basil Hume quanto minha comunidade monástica local deram um caloroso apoio ao Seminário Good Heart. Seu ponto culminante aconteceu no mosteiro, em uma missa, pela manhã, durante a qual o Dalai-Lama comentou o Evangelho do dia e trocou o sinal da paz com os monges e com o representante do cardeal, o Bispo Vincent Nichols, que viria a sucedê-lo. Após o desjejum, uma grande audiência de monásticos cristãos lotou a igreja para ouvir o Dalai-Lama falar da Regra de São Bento. Unidos por nossa diplomacia arriscada, demo-nos conta de que não havíamos discutido essa sessão. Resumidamente eu lhe apresentei a Regra *da melhor maneira que pude, dentro do tempo disponível. Então, assisti à maneira incisiva pela qual ele levou seus ouvintes à essência dela, identificando os votos de Bento pela "conversão da vida", o compromisso de viver a compreensão da impermanência como sendo o aspecto mais budista do monaquismo cristão.*

Imediatamente após esse afinado gran finale, *o Dalai-Lama estava pronto para ir embora. Havia terminado. Todavia, até aquele momento, em toda aquela intensidade,não percebi que o fim estava assim tão iminente. Surpreendi-me vendo-o de pé à porta, despedindo-se e, então, senti que algo muito pouco budista e muito pouco beneditino havia acontecido: eu me tornara apegado. O objeto ao qual eu me apegara estava no ponto da separação; senti uma forte dor me preencher e meus olhos se encheram de lágrimas. Ele registrou isso, olhou-me profundamente e riu. Abraçamos-nos e ele se foi. Novamente eu sabia quão grande é a vacuidade que a plenitude necessita; porém, de maneira diferente.*

Novamente, John Main, acerca do que acontece quando meditamos na fé cristã:

> Prestamos atenção à nossa própria e verdadeira natureza e, ao nos tornarmos plenamente conscientes da união de nossa natureza com Cristo, tornamo-nos completamente nós mesmos (MAIN, J. *A palavra que leva ao silêncio*, p. 41).

Aqui ele descreve um relacionamento entre pessoas que fizeram um investimento recíproco de fé. Isto vem a esclarecer uma lei que é universal e que se aplica a todos os nossos relacionamentos, desde o menor até o maior deles, e que revela que, em última análise, a própria realidade é relacionamento:

> Todo relacionamento de amor pessoal tem sua fonte no movimento que o amante faz na direção da amada, ainda que tenha sua consumação numa comunhão simples e sagrada (MAIN, J. *A palavra que leva ao silêncio*, p. 65).

Temos olhado para a fé com o auxílio da sabedoria mística cristã e de seus estágios-padrão pelos quais se desenvolve a jornada de fé em direção ao completo desabrochar humano. Vimos a fase preparatória da purificação que leva à fase da visão iluminada. Examinaremos agora o florescimento da fé, que é união. Estas não são ideias abstratas. O desenvolvimento humano, que se move na direção da plenitude e da autotranscendência, passa através desses estágios e, entre as diferentes tradições místicas, existe um notável acordo quanto às fases do processo. É claro que, ao lado da lei, que é universal, existe uma singularidade, que é individual. Cultural e psicologicamente, os tempos envolvidos e o contexto serão sempre particulares. No entanto, trata-se sempre da jornada humana, e por isso é que as tradições da sabedoria se entendem tão bem, entre si, nesse nível espiritual da jornada interior.

Seremos mais conscientes dos estágios que se desenrolam se tivermos uma prática contemplativa que seja forte. Sem a meditação, por vezes corremos o risco de passar por esses estágios da vida sem estarmos devidamente acordados, especialmente em uma cultura com tanta autodistração e ansiedade como a nossa, que se encontra em estado semicomatoso. Então, em lugar das respostas resultantes da fé, tremem-nos as pernas em reação a eventos e crises, sem que haja uma percepção mais profunda de seus significados ou padrões. A meditação não nos assegura a previsão do futuro. Não sabemos para onde a jornada de fé nos levará, mas é suficiente que saibamos que se trata de uma jornada, e que nos foi dado o poder de permanecermos fiéis a ela. Não se trata de alcançar metas autoimpostas, mas de sermos fiéis. Tal como disse um velho rabino: "Deus não espera que tenhamos sucesso. Porém, não temos permissão para desistir".

Nosso progresso se dá quando fazemos a próxima coisa que temos a fazer da melhor maneira que nos é possível: um dia de cada vez, assim como se faz na sabedoria do Programa de Doze Passos. Frequentemente, pessoas que se encontram em programas de recuperação podem dizer com exatidão há quantos dias estão sem tomar um drinque ou sem fazer uso de drogas. A experiência que elas têm do programa, a essa altura, pode ter se tornado não apenas uma terapia de crise, mas uma profunda experiência espiritual. Porém, elas jamais esquecem de que se trata de algo frágil e ligado ao tempo. Somos fortalecidos na fé e ganhamos em sobriedade sempre que nos perguntamos: "Há quanto tempo estou fazendo isso?" "Há quanto tempo estou meditando?" Aquela outra pergunta ligada ao tempo, "Quanto tempo isso irá levar?, passa a estar menos presente, à medida que a fé se aprofunda. *Está* acontecendo. Isso é o que importa.

À medida que cresce a fé, e com ela os nossos registros de comprometimento e de experiência da transcendência, o próprio tempo se modifica, porque muda a idealização mental que fazemos do passado, do presente e do futuro. A ideia que temos do tempo se expressa de muitas maneiras, desde a cronologia até a biologia; desde a emocional até a cósmica. Algumas vezes sentimos que vivemos a experiência de uma vida em um momento. Podemos sentir o tempo como crucifixão ou como ressurreição. Os números gigantescos que medem o tempo cósmico num universo em expansão podem nos parecer opressivos, mas os poucos anos de uma vida humana podem parecer mais preciosos e significativos. O tempo e a mortalidade representam o drama do nascimento e morte, como também do doloroso mistério da separação. À luz da fé passamos a enxergar, por meio de estágios, o mistério da união que permeia tudo e todos.

A mudança de perspectiva quanto ao tempo libera o potencial de sabedoria do processo de envelhecimento. Não há muito mais do que isso para justificá-lo. Porém, quanto mais vivemos, mais discernimos um padrão de perdas e encontros, percebendo algo que mantém a coesão deles. Isso poderá conferir desapego – por vezes, ao preço de um declínio da paixão. Ressentimo-nos ao aceitar que a satisfação do desejo não constitui felicidade verdadeira. Essa é a sabedoria da mortalidade, muito mais do que iluminação. Todavia, ela permite que o momento presente se torne mais real para nós e, assim, podemos nos tornar mais conscientes, à medida que as nossas energias diminuem. A contagem regressiva da cronologia torna-se, assim, uma percepção de fundo, não tanto uma preocupação compulsiva. Diminui a frequência com que olhamos para o nosso relógio.

Essa, de qualquer modo, é a maneira pela qual as coisas poderiam acontecer. Todas as pessoas precisam encarar a mesma jornada e passar pelos estágios, mas podemos fazê-lo com maior ou menor suavidade e sabedoria. Será melhor que passemos suavemente por eles, de maneira a aceitá-los ao longo da vida, em vez de deixar que o aprendizado se acumule para o seu último estágio. Àquela altura poderemos estar tão ocupados com a medicação e o nível de conforto, debatendo-nos com a negação da morte e com a ansiedade do fim, que estaremos inconscientes do verdadeiro significado daquilo que estiver se desdobrando. A vida é prenhe de significado por ser uma preparação transcendente para a morte. É horrível imaginar-se completamente despreparado para ela depois de uma vida em que nada fizemos, de maneira consciente, para aprofundar nossa fé. Lembremo-nos da experiência em que não nos preparamos para um exame e passamos pelo medo e o estresse da semana que o antecedeu. Quanto melhor estivermos preparados para morrer, mais plenamente viveremos e mais suave será o período de transição. A sabedoria oriental, nesse ponto, fala-nos da lei do karma. A doutrina da tradição católica diria que compensaremos o tempo perdido e terminaremos nosso processo de purificação no purgatório. Todos concordam, no entanto, que estaremos mais bem preparados para a união definitiva do estágio final se tivermos nos ocupado seriamente em nos preparar, passando mais cedo pelos estágios purificatórios e iluminativos da jornada. A meditação diária é simplesmente um caminho de fé que se concentra nessa preparação.

*

Quer seja chamada nirvana, ou liberação pelo Renascimento, iluminação, moksha, ou ainda paraíso, essa consumação da união é parte da propriedade coletiva de toda a sabedoria religiosa sempre que entendermos a religião em sua dimensão mística. Ela se refere à experiência da unicidade, à transcendência do centro de consciência do ego, à transformação da mente dualista, à mudança a partir das complexidades da mente, que se autorrefletem na simplicidade, e à visão pura do coração, a não dualidade do espírito. Todas as religiões apontam nessa direção com uma paixão silenciosa, mais profunda do que suas palavras e suas diferenças. Caso as religiões efetivamente ensinem esse caminho, não apenas exteriormente, estarão oferecendo uma razoável e fortalecedora esperança à nossa humanidade, frequentemente abatida e triste.

Na alteridade da realidade suprema nós nos perdemos tanto quanto nos encontramos. Isso é fácil expressar em palavras, mas é um paradoxo difícil, com o qual precisamos nos debater. Ele exige um comprometimento com a fé cada vez mais profundo. Quando a escola da vida tiver nos ensinado o suficiente, o comprometimento se unirá ao desapego e à solitude, e o reconhecimento e a aceitação de nossa singularidade se tornarão mais atraentes e até mais fáceis. Gradualmente nos retiramos das atividades e das distrações desnecessárias, ficando mais livres das compulsões e dos vícios. Esse é um estágio que pode estar de acordo com nosso processo de envelhecimento, mas alguns jovens também passam por ele, que nos desafia porque nos sentimos atraídos por valores menos convencionais e socialmente aprovados. Um marido ou uma esposa poderá sentir que necessita de maior quietude e de menos atividade, e assim ocasionar conflito com o cônjuge, que poderá se sentir ferido, encarando o fato como afastamento de sua união, uma espécie de adultério em relação a Deus. A fé demanda equilíbrio de comprometimentos, mas ninguém disse que seria fácil.

Entretanto, à medida que o terceiro estágio da fé começa a aparecer, abre-se um novo horizonte, como sempre acontece em relação a ela, no qual tanto nos afastamos dos outros quanto nos reaproximamos deles de uma nova maneira. Aprendemos a permitir que os outros sejam outros, sem que as nossas projeções distorçam nosso amor por eles e, assim, aprendemos a nada pedir em troca. Aproximamo-nos da Realidade Suprema por meio desse processo da fé, no qual o eu e o outro são descobertos novamente a partir da perda e do encontro. Então, a fé floresce como a forma de amor mais abrangente: ágape. Ela confere a visão de que a realidade suprema é o amor.

À medida que nos aproximamos da meta nos perdemos completamente no encontro que se dá no paradoxo. Isso faz com que aceitemos mais facilmente as coisas que são difíceis, porque percebemos que elas não são apenas contradições ou sofrimentos fortuitos, mas parte de um padrão integrado. Por exemplo, uma doença que se inicie com mágoa, descontentamento e amargura poderá acabar sendo uma bênção se com ela aprendermos a ter um melhor entendimento do que seja a plenitude e o bem-estar. Descobrimo-nos pessoas mais simples do que acreditávamos ser, e reconhecemos o novo nome que recebemos e que é conhecido apenas pelo Eu que o pronunciou no amor. Perder e encontrar, feridas e curas, viver e morrer são os ciclos do crescimento: morte e renascimento. Repetiremos esse ciclo pelo tempo que nos for necessário, com uma experiência de fé cada vez mais profunda. O que nasce, morrerá, e o que morre, renascerá. Aprendemos isso com cada inalação de nosso ciclo respiratório, assim como com todo relacionamento ou comprometimento em nossa vida. Isso é, ao mesmo tempo, maravilhoso, revelador, instrutivo e cansativo. Começamos a ansiar pela libertação do ciclo, sendo essa a libertação que a fé cristã aspira na ressurreição.

Se Cristo não está ressuscitado, diz-nos São Paulo, não temos esperança. Porém, se Ele está, então, mesmo agora, em que somos jogados para cima e para baixo nas ondas da vida, podemos experienciar algo do significado da ressurreição. Tudo se passa como se nos alimentássemos do futuro, não como um sonho ou um jogo, mas como uma realidade presente. A ressurreição é o que, afinal, liberta-nos do ciclo de morte e renascimento. Quanto mais a experienciamos, mais poderemos afirmar:

> Já não sou eu que vivo, mas é Cristo que vive em mim.

Porém, quem é aquele que afirma essa coisa extraordinária? Enquanto falamos acerca dessas coisas ainda não estamos completamente nelas. Não podemos conhecer o Cristo ressuscitado apenas como um objeto do conhecimento. Assim que a mente dualística o objetifica, Ele se volatiliza. No entanto, podemos vê-lo no Espírito, no qual transcendemos a não dualidade. A fé cristã, que foi construída sobre isso, também pode construir os mais belos sistemas de crenças e templos devocionais. Porém, em última análise, terá sido construída sobre uma experiência volátil, que nos mantém crianças para sempre no caminho da fé.

O aprendizado da meditação nos ensina essa experiência em primeira mão. O noviciado da vida monástica também ilustra isso. Trata-se de um ano (hoje em dia, algumas vezes são dois) no qual o novo monge se simplifica e gentilmente é levado a regredir a um ponto a partir do qual ele possa iniciar, adequadamente, sua nova jornada de fé. Quando damos início a essa jornada com um mestre monástico, são-nos pedidas determinadas renúncias exteriores e determinadas mudanças no estilo de vida, mais simbólicas do que teatrais. De meu noviciado, tendo John Main como mestre, lembro de como isso se tornou espinhoso e mesmo assim revigorante. Meu primeiro teste foi deixar de fumar. Padre John deixou claro que isso era necessário. Seu estilo não era o de fazer uma abordagem impositiva, mas o de ajudar o noviço a ver com seus próprios olhos. Depois de muitas tentativas frustradas de me livrar do vício ele conseguiu, finalmente, ajudar-me a fazê-lo. Explicava que o fumo era incompatível com a meditação, que me havia atraído a essa vida, porque ele era uma negação da liberdade e do verdadeiro amor-próprio. A meditação, ao contrário, trata da liberdade e do amor a si mesmo. A lógica era irretorquível, mas não foi suficiente. Por seis meses não tivera sucesso em minhas tentativas de largar o fumo, e experimentava muita ansiedade quanto ao fato de estar despreparado, vendo chegar o dia de passar a usar o hábito monástico. Era como se eu quisesse trocar um hábito pelo outro. Um jovem monge visitante, que acabara de professar os votos simples, consolou-me, ou pensou fazê-lo, dizendo-me para não me preocupar demais com isso. Apenas fume discretamente, ele me sugeriu, e então, depois do noviciado, depois de ter sido aceito pela comunidade, ninguém iria se opor a que eu fumasse abertamente. Foi um excelente conselho porque clareou instantaneamente a minha mente. Então, deixar de fumar tornou-se um processo simples, senão fisicamente fácil. O restante do noviciado constitui-se num revigorante voo de liberdade, apesar das restrições, ou, quem sabe, por causa delas. Eu as aceitava livremente, por mais que, por vezes, parecessem irritantes ou triviais. Imediatamente mergulhei na base da pirâmide social do mosteiro. Eu não detinha qualquer significação política e mal se dava ouvidos à minha voz; esperava-se que eu vivesse sem reclamar, mesmo que me sentisse ignorado ou explorado. Eu não tinha dinheiro e não podia sair sem autorização. Tratava-se da facilitação do estágio elementar da vida monástica, mas, devido à recém-descoberta intransigência de meu ego, teria sido impossível perseverar sem um mestre. Ao final do noviciado obtive o direito de frequentar as reuniões da comunidade, quando me pediram para pensar sobre o lugar em que faria meus estudos. Eu reconquistara certo *status* social ao fazer meus votos. Ainda que estes se destinassem a ser uma ulterior renúncia de *status*, foi em meu noviciado que fui realmente "pobre" e marginal. Com o *status*, a complexidade estava de volta. Só a meditação me lembrava que eu ainda era, e sempre seria, um noviço.

*

Nos primeiros dias do aprendizado da meditação o noviço pode desfrutar a sorte de principiante. Sem nem mesmo saber como o fazemos, espontaneamente nos descobrimos saboreando a verdadeira natureza da repetição do mantra, no mais completo abandono e pobreza de espírito. Por um breve período o ego não coloca qualquer impedimento à graça.

Depois disso reafirma-se a atração gravitacional do ego, mas de tal forma que a verdadeira união fique mais próxima. Isso se assemelha à resistência que se faz necessária para que uma polia eleve e movimente um objeto pesado. Então, até mesmo o ego isolacionista torna-se parte da grande onda que nos leva à nossa meta. A união é condição para a unicidade, o fim do isolamento e o início do amor em círculos cada vez maiores. Não se trata de um estado mental que muda constantemente, condicionado por sucessivos eventos. A união é um estágio irreversível da jornada que alcançamos largando desejos e preconceitos, mais do que definindo e alcançando objetivos. Podemos ter momentos extáticos de união, mas o próprio conceito de êxtase é espacial. *Ekstasis* significa "estar fora de si". Na união, na experiência do Reino, não existe nem fora nem dentro. "Não se pode dizer: Veja, aqui está, ou ali está". A união é simples, como afirmava Tomás de Aquino: Deus é infinitamente simples.

Assim, se quando falamos isso demonstra que não "estamos ali", por que falar a respeito? Porque pode ajudar e porque é melhor saber que se está ali, mesmo se ainda não estejamos cooperando com a atração exercida sobre nós. É claro que falarmos pode facilmente se tornar contraproducente e se constituir em substituto do que é real. Se falarmos demais a respeito, ou se o fizermos por motivos errôneos, isso poderá causar confusão e nos desencaminhar. Porém, se isso provém do ponto inicial, sem tentar descrever o objetivo em demasia, poderá auxiliar no aprofundamento da fé. Os melhores mestres sabem que não são realmente competentes. Eles se perguntam como podem falar de algo que ainda não experienciaram por completo. Aqui estou, dizem eles, dizendo às pessoas como meditar e como isso é importante para o mundo, enquanto, dia após dia, estou lutando com as minhas distrações e com outros problemas, tal como um completo iniciante. Obviamente sua fidelidade diária, e não seu perfeccionismo, é que os justifica e faz com que sejam eficazes para as outras pessoas, de uma maneira que jamais saberão. É melhor ter humildade e duvidar de si do que ser um mestre que sente ter sido predestinado a instruir o mundo com sua sabedoria.

É claro que ao falarmos do estágio de união ou utilizarmos a palavra Deus, em alguma extensão, estamos fora do contexto. Porém, se somos incompletos, isso não é hipocrisia. Falar daquilo que mal conhecemos é uma oportunidade para o realismo que faz com que valha a pena incentivar as outras pessoas, que compensa considerar a fé seriamente. Só precisamos começar.

Outra razão para se falar a respeito é que se você teve algum tipo de vislumbre ou sorte de principiante com Deus, isso terá sido, em sua existência, a coisa mais interessante e importante do mundo. Poderá prejudicar outras coisas que a vida tem a lhe oferecer. Porém, mesmo que saiba o quão pouco conhece sobre isso, você saberá o suficiente para ter a absoluta certeza de que compensa conhecê-lo melhor.

*

Ao procurar comunicar a fé, também a aprofundamos. Porém, o significado de toda comunicação está em seu contexto. Se falamos da senda espiritual da vida fora de um contexto, a prática contemplativa sempre nos parecerá insatisfatória, incompleta e pouco séria. É por isso que procuro incluir períodos de meditação quando falo sobre esse tema. Isso também me ajuda, porque sinto que as deficiências da conferência são compensadas pelo ensinamento da própria experiência. É possível que isso também fez parte do pensamento de João Cassiano, quando disse *magistra experientia*, a experiência é o mestre.

Obviamente, o sabor da união não depende do que as pessoas falam a respeito. Caso nos lembremos de nossos momentos de experiências místicas da infância entendemos que a visão pode se originar de qualquer meio e tempo, porque é onipresente. Nunca sabemos onde ou quando; é imprevisível e sempre uma surpresa, mesmo quando, tal como o nascer do sol, esperamos por um longo tempo. Essa pura dádiva da experiência da graça poderá, portanto, parecer fortuita, mas sentimos que à sua chegada ela é, tal como a própria beleza, inevitável, necessária e pontual. Porém, tão logo comecemos a conceituar a experiência, ela assume um outro nível de percepção; desvanece e recua ao patamar da *primeira vista*. Ficamos de posse de um pensamento ou de uma recordação, e nossas crenças se agrupam em torno da ideia como algo distinto da experiência. Logo nos convenceremos que a experiência não é digna de crédito, ou até mesmo de que é perigoso tentar voltar àquele nível de conhecimento direto, sendo mais seguro e fácil ficarmos com a crença.

Inevitavelmente formamos algumas crenças com base na experiência. Elas não constituem substitutos para o que é real e até podem ser tocadas pela graça da visão. Porém, enquanto crenças, são tão limitadas quanto os signos. Desde que não tenhamos perdido o contato com a pobreza de espírito da qual a experiência se originou, as interpretações e as crenças que formamos serão entendidas pelo que representam: indicações ao longo da trilha da fé. Caso voltemos frequentemente ao ponto inicial, sem exigências ou expectativas de experiência, estaremos a salvo do erro de confundir a fé com a crença. Não estaremos vivendo da capitalização das recordações do passado; não estaremos pensando que, como por vezes sói acontecer com experiências artificialmente induzidas que inundam o ego fraco, essa crença é uma revelação que nos destaca das outras pessoas.

Sentimos que os conjuntos de crenças pelos quais procuramos expressar essa experiência da graça se acomodam melhor no paradoxo. Frequentemente comunicamos melhor o entendimento contemplativo com os símbolos do que com definições lógicas. De acordo com as mentes mais privilegiadas, essa é a natureza de todos os dogmas; as ideias são dedos que apontam para a lua. Todas as afirmações do credo são verdadeiras como afirmações simbólicas. Ao final de sua vida, Tomás de Aquino, o arquiteto da *Summa Theologica*, que se tornou o código da via rápida para a teologia católica, experienciou de maneira esmagadora a diferença existente entre fé e crença. Mesmo antes de parar de escrever ele sabia que qualquer coisa que dizemos acerca de Deus o fazemos por meio de analogia, metáfora e símbolo. Assim como a bela arte religiosa, as melhores doutrinas têm o propósito de inspirar uma *primeira vista*, e não de se tornar objetos de culto em si mesmas.

Quando os dogmas são considerados com essa leveza, de maneira não dogmática, eles nos auxiliam a viver melhor, com maior esclarecimento e felicidade. Necessitamos de um sistema de crenças, assim como necessitamos de placas indicativas em nossa própria língua, em uma longa jornada. São lembretes que nos são familiares acerca do significado do progresso: fidelidade ao caminho, a contínua volta à *primeira vista*, à própria experiência, mantendo-nos abertos ao inesperado; todos aspectos essenciais de uma vida pautada na fidelidade. A diversão também pode fazer parte da rota. Essa maneira de procurar o equilíbrio entre ser fiel e se ater às crenças diminui os efeitos do individualismo e da independência com que a cultura moderna nos condicionou e que nos acarretam muitas tristezas e ansiedades. A ausência de qualquer crença, a não ser aquelas formuladas por nós mesmos ou que juntamos como uma colcha de retalhos a partir de diferentes fontes, é tão insatisfatória quanto aquela em que se apega a crenças enfiadas goela abaixo com a recomendação de que jamais fossem questionadas. Qualquer um desses extremos é obstáculo à graça e aliena da simplicidade, a união que tanto se almeja.

*

Jesus diz que o coração puro enxerga Deus. A união com Ele é sua visão na fé. Parece ser natural a utilização da visão para descrever o mais elevado estágio da fé. Porém, isso tem lá seus perigos, porque estamos acostumados a entender e interpretar os objetos que olhamos. Não podemos aplicar isso à nossa visão de Deus. Assim, os grandes mestres minam a metáfora da visão ao mesmo tempo em que fazem uso dela. Dizem-nos que a fé é uma visão, mas uma visão das coisas jamais vistas. Não se trata de visão objetificada; vemos sem olhar. Ou ainda, relembrando Santo Irineu (século II): *Jamais poderemos ver a Deus como um objeto, senão apenas compartilhando o próprio autoentendimento dele.*

Porque a fé é um tipo de visão, mas não do tipo que se olha, deixamos de esperar por imagens, revelações ou que coisas extraordinárias aconteçam durante a meditação. Caso elas realmente ocorram, deveríamos deixá-las para trás tão depressa quanto possível, e seguir adiante. Assim que olharmos para trás, arriscamos o mesmo destino de Orfeu. Ele desceu ao submundo para resgatar sua esposa Eurídice, mas foi-lhe dito para conduzi-la de volta, sem jamais olhar para trás. Porém, ele o fez e perdeu sua esposa para sempre. Caso olhemos demasiadamente para as nossas próprias experiências corremos o risco de nos enredarmos no passado, caindo na armadilha da própria autofixação. Nem sempre olhamos para aquilo que deveríamos ver. O aprendizado disso na meditação resulta num efeito significativo para todos os aspectos de nossa vida, abrindo-nos para uma profunda dimensão e nos conferindo mais daquilo que sempre ansiamos. Por mais que seja atraente ou repulsiva, a superfície é a superfície, e não o quadro todo; os *icebergs* são pontas de uma massa maior que é invisível. Esse entendimento nasce da fé e se incorpora em nossa experiência como um ensinamento de sabedoria. Sempre que "nada parece estar acontecendo" em nossa meditação é preciso relembrarmos o adágio: "não devemos julgar um livro pela sua capa". Tal situação também nos faz acreditar que algo seguramente está acontecendo, precisamente porque nada parece estar acontecendo.

A união é visão 20/20. Chegamos a esse aspecto perceptivo da fé assim como chegamos a um exercício de treinamento dela, como é a meditação, por termos sido condicionados por aqueles meios de ver as coisas que se tornaram dominantes em nossa cultura. Atualmente a percepção tem sido fortemente influenciada pela "telinha". Esta era, na qual a realidade virtual atingiu tamanha perfeição, enfraqueceu o olhar direto para o mundo real, ou mesmo a leitura da página impressa, como meios especializados de percepção. Muitos estudantes consideram as bibliotecas opressivamente silenciosas, preferindo fazer suas pesquisas em seus laptops, nos refeitórios. Programas sobre a natureza nos fazem suspirar, com seus closes da vida selvagem, esta que está no jardim a apenas alguns metros de distância.

Alguns historiadores da cultura consideram que essa enorme mudança nas maneiras de ver as coisas começaram por volta do século XII. Até ali, o manuscrito não era algo que se podia olhar tal qual uma tela, mas algo que se percorria. Ainda falamos de sermos atraídos ou absorvidos por um bom livro. Uma das origens do termo *página* sugere videiras esticadas em postes, formando treliças. Tal imagem nos leva às colunas de escrita em um rolo de pergaminho. A "página escrita" não era dividida em parágrafos até um passado relativamente recente, e nem mesmo havia nela espaços entre as palavras. Assim, o leitor precisava percorrê-la, lendo-a em voz alta para captar-lhe o sentido. Portanto, a palavra se encarnava em nossos lábios. Depois do século XII a página passou a se tornar uma forma de comunicação mais próxima de nossa tela, tal como algo que olhamos silenciosamente. O murmúrio audível da leitura passou para a experiência mais individual. Mais tarde vieram os índices, escritos ao final das obras, as notas de rodapé, e assim por diante, páginas com referência cruzada, em uma obra completa, que não podia ser vista toda de uma vez.

*

A fé não é um objetivo, uma experiência do tipo que possa ser observada. As metáforas visuais que usamos para ilustrá-la (sim, posso ver o que você quer dizer) precisam ser complementadas com símbolos auditivos (sim, estou ouvindo o que você diz). De fato, a fé pode ser melhor entendida como sendo a escuta do *logos*, que não significa uma única mensagem de Deus, escrita ou falada, mas a racionalidade e a coerência, que são inerentes a todas as coisas, em todos os níveis da experiência. O *logos* está em todas as coisas, ou nada haveria. Até mesmo o absurdo e o acaso escondem o *logos* da percepção superficial, mas até mesmo essas experiências revelam significado aos olhos e ouvidos da sabedoria. No pensamento ocidental o *logos* é um conceito tão antigo quanto o *tao*, ou o *dharma* nas filosofias orientais. No cristianismo, inicialmente mais influenciado pelo pensamento grego e semita do que pelo pensamento asiático, o *logos* era o Verbo de Deus, a autonomeação do divino. Ele se propaga pelo cosmos (ordem), tal como atualmente imaginamos que a radiação do *big-bang* se difunde em todas as direções. No humano, que é um microcosmo de todos os mundos, o *logos* tem consciência de si. A partir do olhar e do ouvir alcançamos a união mediante a fé, que funde visão profunda com escuta atenta.

> O que nós seremos ainda não se manifestou. Sabemos que por ocasião dessa manifestação seremos semelhantes a Ele, porque o veremos tal como Ele é (1Jo 3,2).

> As palavras que vos disse são espírito e vida (Jo 6,63).

Primeira vista é ver o que é. A escuta profunda é uma ação de obediência radical ao que é. A obediência é mais do que fazer aquilo que nos mandam; trata-se de se tornar a verdade que se ouve. O latim *ob-audire* conecta a escuta à obediência. São Bento fala dela como sendo o meio de unificar a mente do discípulo à do mestre. Santo Agostinho junta essas duas formas de percepção quando fala acerca dos sentidos espirituais ou "o sentido interior", e quando diz que a audição é um grau de visão.

O "Reino dos Céus" e o "Reino de Deus" são os termos que o Evangelho utiliza para a união com Deus e com os outros na forma de amor, completamente desenvolvida e sem fronteiras, chamada "ágape". Jesus fala dessas realidades de maneira simples, mas Ele afirma que não se pode dizer "veja, aqui está, ou ali está", porque não é dual e não está no espaço; está, de fato, tanto em nós quanto entre nós. Essa não dualidade não exclui isso da realidade cotidiana, da percepção sensorial comum ou da observação racional. O não dual contém o dual. A razão pode funcionar no reino espiritual; o argumento é que nenhuma forma de percepção limita a união. O Reino está aqui e agora, mas é também supraespacial e transtemporal. Tal como com o Espírito, não se pode dizer de onde vem nem para onde vai, mas está sempre presente. Essa certeza é que nos permite seguir adiante com o trabalho que temos a fazer enquanto permanecemos completamente comprometidos no caminho da fé. Desenvolver uma família, meditar a sós, desenvolver os próprios dons, atravessar períodos pesarosos, comemorar o sucesso... nenhum desses estados precisa interromper o caminho da fé. Para evocar o caráter comum desse mistério da realidade Jesus utiliza parábolas sobre o crescimento natural, os relacionamentos de família, o perder e o encontrar coisas, ajudar os necessitados... tudo isso para descrever o processo de fé que nos desperta para o Reino. Da maneira como Ele o faz, o paraíso é uma realidade presente ou um processo eterno, mais do que um local ou uma recompensa. A união, uma vez descoberta, é infinita.

Chegar a ela jamais significará atingir um destino final, porque a jornada terá se tornado ilimitada. "Buscar a Deus é encontrá-lo", diz Gregório de Nissa; mas ele também diz que "encontrar Deus é buscá-lo". Interminavelmente encetamos uma penetração da realidade, seguindo na direção de um horizonte que sempre se afasta. A paz significa essa aceitação de se estar livre das limitações. A cosmologia moderna nos vê habitando um universo em expansão e nos oferece nova metáfora que os primeiros mestres teriam apreciado. No entanto, também nos diz que é o espaço, e não a matéria, que se expande. Aquilo que habitamos nos estica infinitamente em direção ao nada, também porque aquilo que nos habita se expande interminavelmente. Trata-se daquilo pelo que lutamos e que chamamos liberdade.

*

Crescer na fé nos escancara as portas da percepção, libertando-nos das limitações da mente dualista. Porém, continuamos com, ou até melhoramos, nossa capacidade de chegar à estação de trem no horário, de questionar cobranças sempre que somos exigidos em excesso e de aprender a criar um blog. Contudo, também nos tornamos mais simples, mais parecidos com uma criança. A qualidade mais óbvia da infância, que faz com que haja um oceano separando-a do mundo adulto, é a ausência da autoconsciência nela. A adolescência encerra nosso período no Éden, mas jamais o esquecemos completamente ou deixamos de ter alguma saudade dele. Frequentemente as crianças nos surpreendem com aquilo que parece ser uma sabedoria sobrenatural, mas que é muito natural, pois elas se encontram muito próximas à fonte. Nosso aprendizado na meditação nos relembra que a capacidade que elas têm para a sabedoria e o discernimento ainda está em nós, caso também possamos nos tornar "como os pequeninos", que é diferente de agirmos de maneira infantil. As crianças carecem de informação e de experiência, uma carência que as deixa vulneráveis, mas sua sabedoria e discernimento naturais podem fazer com que os mais velhos pareçam tolos.

Inevitavelmente, um dia colocamos o Jardim do Éden para trás. Depois de experimentar a maçã do conhecimento, Adão e Eva viram, pela primeira vez, que estavam nus e se esconderam de Deus.

Adão respondeu: "Ouvi teu passo no jardim, tive medo porque estou nu, e me escondi". Deus disse: "E quem te fez saber que estavas nu?" (Gn 3,10).

Como sempre, as perguntas de Deus nos conduzem ao autoconhecimento. Descobrirmo-nos a leste do Éden, compreendermos o significado do medo e da dualidade e entendermo-nos divididos e temerosos, sofrendo com vergonha e autoconsciência, é o que constitui aquilo que denominamos "queda", tratando-se de um estágio necessário ao desenvolvimento humano. Apesar de todas as nossas tentativas infantis de regressão, a que chamamos de entretenimento, apesar da Disneylândia e dos videogames para os adultos que não cresceram, é um caminho sem volta. Não podemos reencontrar a união no estado *urobórico* do passado, simbolizado pela serpente autossuficiente que engole a própria cauda, no qual vivíamos em um mundo seguro de si. Está no futuro a união do profundo presente, que realizamos agora despertando para quem somos e onde estamos. Somos estimulados a nos tornar parecidos com as crianças, mas não podemos voltar atrás. Primeiro, precisamos enfrentar nosso doloroso estado de exclusão e de separação, num mundo de sonhos frustrados e de desejos falsos. Quando nos sentamos para meditar pela primeira vez, no início dessa jornada de fé, descobrimo-nos desajeitadamente autoconscientes, individualistas, desconectados, sozinhos e, também, embaraçosamente ruins na concentração. Porém, esse despertar inicial se constitui em grande salto à frente. Fazemos isso melhor ao nos juntarmos em quietude, dentro da comunidade de amor, que começa a substituir a sensação de exclusão, e que nos ajudará a crescer continuamente na fé. Sem a comunidade, o caminho da fé é quase impossível; é nela muito fácil nos autoiludirmos. Um dos defeitos da cultura moderna é o de haver tão poucas pessoas que compreendem o verdadeiro significado de uma comunidade desse tipo.

*

Começamos. Perseveramos. Começamos novamente. Sempre existe um outro patamar, um outro cume. De maneira imperfeita e gradual abordamos aquilo que ousamos chamar de maturidade. Lutamos com a autoconsciência, de modo a nos tornarmos plenamente conscientes, e com individualidade, de modo a pertencer. Assim, nos descobrimos numa forma de comunidade que não imaginávamos que pudesse existir. Trata-se de uma comunidade que surge da experiência da comunhão que nasce no silêncio. Ao contrário de outros grupos de interesse ou de amizade, que se baseiam prioritariamente naquilo que nos atrai uns aos outros, uma comunidade de fé se torna uma comunidade de amor que se forma por meio de forças que nos movem para a mudança, sem o uso da força ou da rivalidade. Aprendemos a criar relacionamentos em nível espiritual; aprendemos a lidar com a perda e o sofrimento e a comemorar a expansão nesse mesmo nível. Tal formação da consciência espiritual não nos torna alheios ao mundo das responsabilidades cotidianas, mas faz com que possamos nos comportar melhor nesse ambiente. Mas, então, logo que vemos que estamos gerenciando melhor a vida, sentimo-nos chamados para um outro estágio, um nível mais profundo de união.

Agora, o desafio é o de transcender a autoconsciência, o próprio ego. Dentro do processo de desenvolvimento humano, que não pode ser reprimido, sempre existe um chamado para que nos aprofundemos mais. Trata-se daquilo que chamamos de amadurecimento, e isso explica a razão pela qual, mesmo na meia idade ou na velhice, os mais jovens olham para os mais velhos como sendo seres ancestrais, que já viram tudo e que, por isso, estão exaustos. O ser humano consciente sentirá, em sua privacidade, que ainda tem um longo caminho pela frente antes que chegue a se completar. Nos estágios mais profundos da união nos descobrimos abandonando a autoconsciência para agirmos como se "a mão direita não soubesse o que a esquerda está fazendo".

> O monge que sabe que está orando não está, na verdade, orando. O monge que não sabe que está orando, está, na verdade, orando (EVÁGRIO. *Capítulos sobre a oração*).
>
> Já não sou eu que vivo, mas é Cristo que vive em mim (Gl 2,20).

Ocasionalmente, a plena atenção poderia vir a ser confundida com a falta de atenção. O estágio iluminativo começa a dissipar a autoconsciência da mente dualista, assim como o sol dissipa a neblina da manhã. A união é a consumação da fé. Todavia, no interior da turbulência do estágio do processo de iluminação, ou mesmo sob os seus clarões instantâneos, ainda não compreendemos totalmente o significado da união ou o seu custo.

Ela se desenvolve sem nos darmos conta. Aquino diz que isso se parece com o dominar e ser dominado ao mesmo tempo. O poeta sufi se utiliza da linguagem erótica paradoxal na qual perdemos a identidade no momento em que nos autodescobrimos. A alma devora, e ela mesma é devorada, abraça e, inesperadamente, é abraçada. Parece ser difícil a descrição desse grau de união sem as metáforas sexuais e, muitos místicos, desde o poeta do Cântico dos Cânticos até Rumi e São João da Cruz, utilizam-se das imagens eróticas para descrever o estágio mais espiritual da fé: o da união com Deus. Isso é evocativo, mas também é estranho, porque, dentre todas as paixões humanas, o sexo é aquela ligada à infidelidade, e da maneira mais dolorosa.

Em sociedades pré-modernas e nas grandes religiões, o sexo tem sido considerado uma energia sagrada. Tão somente em uma sociedade consumista, fundamentada sobre a intensificação do desejo, e não na transformação dele, é que o sexo se torna um meio de vender coisas e o teste da "seriedade" dos relacionamentos. Por mais que grande parte do sexo da vida real, fora do reino da fantasia, seja limitado por constrangimentos físicos e psicológicos, ainda se trata de uma energia de união com o divino, que flui de e para Deus, entre nós e o mundo material. Tal como reconhecem os melhores teólogos, Deus tem um lado erótico. Reprimir essa energia ou se tornar obcecado por ela é ser igualmente infiel a essa força sagrada. O sexo é um dos principais instrumentos do repertório espiritual, e por meio dele experimentamos a união em momentos sacramentais. Porém, não podemos isolá-lo e desfrutá-lo por muito tempo, fora do contexto da fé, sem causar algum dano. Existem também outras alavancas pelas quais podemos nos elevar acima da órbita egocêntrica.

Às vezes, os meios da transcendência não são tão prazerosos quanto o sexo. Certa vez eu estava andando de bicicleta em meio ao intenso tráfego londrino e, numa manobra descuidada de um motorista de van, fui lançado para longe de minha "magrela". Num instante percebi que não estava mais driblando carros e caminhões, mas deitado no meio da rua, olhando o mundo do nível do piso e muito provavelmente prestes a me aposentar prematuramente. Rodas giravam à minha volta, evitando-me por misericórdia. O tempo fora suspenso, ou estava dramaticamente desacelerado. Sentia-me precário, mas maravilhosamente livre e contente: Por quanto tempo? Isso não importava. Eu estava consciente do perigo, e ainda não tinha consciência de que meu dedo estava quebrado, mas havia um completo sentimento de paz e de união, livre de todo medo ou ansiedade. Eu podia ter me virado para dormir, mas não precisava dormir, pois me sentia totalmente desperto e relaxado. Então, de repente, dei-me conta de alguém, de pé a meu lado, visivelmente ansioso e temeroso. O motorista responsável por essa experiência interessante se curvou e me perguntou se eu estava bem. Ainda que sem ressentimento, percebi que ele devia estar menos preocupado com o meu bem-estar do que com a polícia. Não lhe neguei alguma compaixão altruísta, mas havia nela uma mistura de preocupação comigo mesmo. Assim me pareceu, naquele momento, de maneira muito objetiva. Aquilo não me preocupava, e, se isso era o perdão, então foi um perdão muito natural.

Tais momentos, dentro e fora do tempo, acontecem: são momentos de deleite estético, de acidentes, momentos de amor e de arrebatamento, discernimento intelectual, contato com a música, lampejos no mundano que nos permitem enxergar aquilo que está "abaixo da superfície". Nesses momentos percebemos quem realmente somos e onde realmente estamos, como nossa identidade social não é nosso verdadeiro eu. Quando vemos, dessa forma, que a realidade é algo a que não se pode dar um nome, trata-se de algo tão simples, tão óbvio; trata-se apenas do presente, onde somos. No entanto, o objetivo da vida não é o da multiplicação desses lampejos de iluminação que revelam a união, mas o de deixar as luzes acesas, o de viver na fé, expandir-se no amor. Não meditamos diariamente, como um caminho de fé, para aumentar a frequência das experiências místicas. Se esse fosse nosso objetivo poderíamos ter injetado algo na veia. Meditamos para crescer na fé.

*

A fé é ativa no amor. Meditamos para chegar à oração contínua, na qual nos "sentimos em casa", no local da união, enquanto mantemos nossos pés no chão. A "outra margem" não é uma meta distante, mas uma simples unificação de todos os mundos. Assim, quando somos arremessados para fora da estrada, rapidamente sabemos o que aconteceu e voltamos a montar na bicicleta. A arte da vida na fé é o aprendizado da integração dessa dimensão da realidade com a vida e o trabalho cotidianos. Especialmente no início, é difícil aprendermos sozinhos; com sorte, teremos a graça de conhecer alguém, mas tais pessoas são difíceis de serem encontradas; nelas a união não está quebrada, mas sim integrada e dinâmica.

Eu percebia isso em John Main; eu aprendia dele não apenas ouvindo-o falar, mas vivendo com ele, vendo-o viver, ouvindo-o sobre a maneira como lidava com pessoas difíceis, inclusive eu. Não era apenas o que ele dizia, mas quem ele era, de maneira consistente, em variadas situações a cada dia. A teoria, aquilo a que chamei de um sistema de crenças, tem muito a oferecer para a jornada. Sem ela haveria mais dificuldades. Porém, é no nível pessoal que se oferece o melhor ensinamento e no qual se aprende a maior parte. Aqui também se encontra a convicção que está em um nível mais profundo que o da mente, em que ocorre a suprema reafirmação. Ao iniciarmos qualquer tipo de trabalho, uma carreira, um relacionamento ou uma prática de meditação, precisamos de uma sábia mistura de afirmação e correção. Alguém que nos diga: "Você fez bem", mas também: "Você não o fez tão bem". Precisamos da reafirmação de que estamos aprendendo e que podemos continuar a avançar. Apesar de nossas falhas temos o potencial de completar o curso.

É uma grande graça conhecer alguém em quem a união aconteceu e continua a se desdobrar. Significa sentirmos aquilo que nós também podemos ser capazes. A imitação por meio da inspiração é uma parte integrante do ensinamento. Assim, o mestre não é apenas um herói a quem admiramos e colocamos sobre um pedestal, pois herói é alguém que nos faz sentir um tanto inferiores: "Uau! Eu jamais poderia fazer isso"; "Jamais poderei correr 1.600m em 3min43s"; "Eu não conseguiria subir o Everest, tornar-me um neurocirurgião, ou aprender Espanhol". Um mestre mostra aquilo que *podemos* fazer e nos capacita para tal, ajudando o quanto for necessário, mas sem tirar nosso privilégio de cometer erros. Ensinar é serviço, não é manipulação nem substituição. Trata-se da motivação para o ensino da meditação; no mais profundo nível, também se trata do significado de Jesus.

Dos bons mestres aprendemos como ser fiéis. Quando neles vemos como a fé floresce na união, consideramos nossas crenças com mais sabedoria e leveza. De tempos em tempos, dúvidas e incertezas poderão voltar a ocorrer, mas terão menos poder para nos perturbar. A dúvida e o temor servem até mesmo para fortalecer nossa fé, em lugar de interrompê-la. A convicção e a certeza da fé, a que esse processo conduz, não detêm todas as ameaças, sejam elas de ordem emocional ou intelectual, ainda que resistam a todas as tempestades. Ao final, há ilimitada unicidade em amor, mas, até o fim, não podemos ter absoluta certeza de nada. Talvez tudo aquilo que sentimos acerca da progressão na fé e dos estágios do desenvolvimento humano seja verdade. Mas, quem sabe ao certo? Talvez, também, a luz simplesmente se apague. Isso é o fim, uma grande anestesia. Sem aquela margem de manobra para a dúvida não poderíamos nos aprofundar na fé.

Do ponto de vista da lógica, porém, se o *logos* é a coerência das coisas, e se o mundo possui significado, então existe uma continuidade para esse processo, além de todos os horizontes. Pode-se conceber que seja lógico até o último instante, e que, então, se torne ilógico, pois acontecerá algo completamente inimaginável. Talvez, não haja nada, exceto uma insignificante expansão do espaço, sem que eu represente qualquer papel nisso. No entanto, à medida que crescemos na fé, essas coisas nos parecem cada vez menos prováveis, tanto quanto é improvável que o sol não nasça amanhã ou se ponha hoje ao final da tarde. A razão para isso está na maneira pela qual a fé revela o amor.

Assim, ao final, parece que, na verdade, o objetivo da fé seja a comunhão. Então, a oração de Jesus para toda a humanidade faz sentido: "[...] a fim de que todos sejam um. Como tu, Pai, estás em mim e eu em ti, que eles estejam em nós".

> Todo relacionamento de amor pessoal tem sua fonte no movimento que o amante faz em direção à amada, ainda que tenha sua consumação numa comunhão simples e sagrada (MAIN, J. *A palavra que leva ao silêncio*, p. 65).

7

A FÉ CRISTÃ

Monte Oliveto. Nos últimos vinte anos tivemos um retiro de silêncio e meditação internacional neste lugar, onde se combinam a beleza sensória e a energia espiritual. Bernardo Tolomei, fundador do Mosteiro de Monte Oliveto Maggiore, que é a casa-mãe da Congregação Beneditina Olivetana, nasceu em 1272 em Siena, uma cidade de santos. Sua família, que era da nobreza, constituía-se dos banqueiros do papa. Ele foi um brilhante advogado e se juntou a uma fraternidade que fazia parte dos grandes movimentos devocionais que se espalharam pela Itália naquele tempo. Por sofrer de limitada acuidade visual, o que era considerado impedimento canônico para a ordenação, decidiu se retirar do mundo, fixando-se, junto com dois companheiros, em uma região remota de suas propriedades, Crete Senesi, onde o mosteiro repousa majestosamente até hoje. Eles viveram o espírito dos Monges do Deserto, que conduziu o desenvolvimento da comunidade. Bernardo a integrou na Igreja, por meio da adoção da Regra de São Bento.

Dificilmente podemos deixar de nos emocionar com São Bernardo Tolomei. Ele evitava o poder, até mesmo dentro do mundo monástico por ele criado. Durante muitos anos declinou de ser abade do mosteiro por ele fundado. Nascido para ser um privilegiado, libertou-se, mediante a fé, da prisão da riqueza e da hierarquia. Em 1348, a praga que devastou toda a Europa, reduzindo sua população a um terço, chegou a Siena. Com alguns de seus monges, Bernardo deixou a segurança de seu mosteiro para voltar à cidade e dar assistência aos doentes e moribundos. Contagiou-se com a praga e morreu com eles. Seu corpo desapareceu na vala comum. Ele foi um monge eremita em comunidade e um ativo servo dos pobres.

Meu atual abade, seu sucessor, está a cargo tanto do mosteiro quanto de toda a congregação de 23 casas. Ele sempre apoiou esse meu trabalho de ensinamento e viagens no "mosteiro sem paredes". Perto de sua aposentadoria, pediu-me para falar acerca de nossa comunidade de oblatos da meditação ao capítulo geral, que se reúne a cada quatro anos para rever a vida da congregação e eleger o abade geral. Depois de todos esses anos os monges formaram uma imagem que, em geral, é positiva quanto ao que eu faço, aceitando as peculiaridades de minha vida com as muitas exceções à Regra. Eu sentia falta da vida em comum e sempre "em casa" ao voltar para lá. Várias vezes também desejei que a meditação tivesse tido mais influência na instituição monástica, mas aprendi a abandonar essas expectativas.

Falei, atendendo ao convite, e chegou a hora das perguntas. Para uma leve surpresa de todos, um dos monges se lançou em uma detalhada, porém confusa refutação da meditação. Os argumentos que ele utilizou eram-me bastante familiares, ainda que fossem pouquíssimo utilizados hoje em dia, desde que os ensinamentos e a comunidade se aproximaram da tendência cristã predominante. À medida que ele falava senti, inicialmente, certo desapontamento; depois, um reconhecimento do momento e uma profunda gratidão pelo que estava acontecendo. Nas duas horas seguintes uma discussão não programada sobre a meditação e o caminho de fé que ela representava recebeu uma afirmação positiva da parte de meus irmãos monges mais intelectuais e espiritualizados. No dia seguinte, o monge que causou isso de maneira afável se desculpou pelo tom que adotou e, durante os dias que se seguiram, sentamo-nos juntos, de maneira amigável, durante as reuniões. Esse momento de afirmação e aceitação talvez tenha sido mais significativo para mim do que para os outros.

Nesta nova fase em que a comunidade de meditação está entrando senti-me bem ao ouvir o apoio explícito, um após outro, de meus irmãos monásticos. Agora, porém, em nosso programa Meditatio, estamos realizando um novo salto de fé, na divulgação, além da zona de conforto espiritual, para o mundo secular. Na exploração que fazemos do significado da meditação para as crianças, para a saúde mental, para os negócios e as finanças, para o meio ambiente e para a justiça social, o próprio significado da fé recebe um novo teste.

Abordamos três estágios da jornada interior do desenvolvimento humano à luz da fé. Esses são estágios universalmente reconhecidos que se aplicam a todo ser humano, independentemente de sua fé e cultura. Nós também nos alimentamos e digerimos, respiramos e nos movemos essencialmente da mesma maneira, na qualidade de membros de uma mesma espécie. Do ponto de vista espiritual "funcionamos dentro do mesmo sistema operacional".

Porém, as diferenças são tão importantes quanto as semelhanças. Não fossem elas, talvez não houvesse semelhanças que pudéssemos reconhecer. A fé é humana; trata-se da capacidade que o ser humano tem para a transcendência e o amor. Como tal, não se limita a uma religião específica nem mesmo a pessoas religiosas. O ateu ou o agnóstico também vive de acordo com a fé, da maneira que sugeri anteriormente. A fé é como a meditação, que também é universal, além de ser um meio de desenvolvê-la em nós até sua mais completa capacidade. Encontramos a meditação em todas as tradições como parte da herança humana. No entanto, podemos falar sem contradizer a universalidade acerca da meditação cristã ou da meditação budista. Da mesma maneira, também há a fé cristã.

Agora eu gostaria de explorar o significado da fé no contexto da identidade cristã. Já vimos de que maneira a fé é mais do que crença. Ela forma os sistemas de crenças, mas os transcende. Trata-se de uma autodoação, num compromisso de confiança, perseverança e auto-transcendência. Abrindo a visão espiritual, trata-se da matriz do amor. Santo Irineu, como vimos, disse que o início é fé, e o fim é amor; e a união dos dois é Deus. A fé está ativa no amor.

A fé cristã possui diferenças quando comparada com outras expressões de fé, mas não compete com elas. As religiões canalizam sua exclusiva expressão dela. Aquele que confia em sua exclusividade não precisa competir com outras expressões exclusivas. A competição e a intolerância têm mais probabilidade de crescer sempre que a dimensão contemplativa tenha deixado de ser a tendência dominante de uma religião e o sistema de crenças tenha assumido uma importância desproporcional. A competição corrompe a religião, mas a renovação se inicia por meio de um retorno à visão dos fundadores e à experiência contemplativa. Os grandes mestres espirituais da humanidade não competem entre si.

*

John Main mais uma vez nos ajudará a começar:

> Relutamos em admitir que sejamos os doentes e os pecadores a quem Jesus veio curar. Preferimos nosso isolamento autoprotetor ao risco do encontro face a face com o Outro, no silêncio de nossa vulnerabilidade (MAIN, J. *A palavra que leva ao silêncio*, p. 86).

A fé cristã concentra um foco especial na ideia da salvação, uma palavra que vem de *Salus*, o nome que os romanos davam à deusa da saúde pessoal e da prosperidade social, e que dentro da linhagem divina tem parentesco com a grega Higeia ("saúde"), filha de Esculápio, o deus da medicina e da cura, e neta do grande Apolo, o deus da música, da medicina, da caça e da profecia. Podemos ver que a salvação significa mais do que ser salvo. Trata-se de estar bem, melhorar e desabrochar.

> Eu vim para que tenham vida, e a tenham em abundância (Jo 10,10).

Parece que a maior parte de seus contemporâneos via Jesus principalmente como um homem que curava e que operava milagres. Havia outros curadores que circulavam pela Palestina; muitos deles curavam objetivando lucro. Percebemos que os tempos não mudaram tanto quando observamos os evangelistas da TV. Porém, Jesus realizava as suas curas por compaixão pelos aflitos, e não em benefício de sua reputação. De fato,

Ele frequentemente instruía aqueles que havia curado para *não* falarem sobre isso. Talvez sentisse que o fato pudesse distrair as pessoas em relação à real mensagem que Ele transmitia. As curas ilustravam algo, mas não eram prova disso, não demandando análise acurada. Como na ciência médica, que reconhece o efeito placebo, estamos abertos para aquilo que, na cura, é misterioso e não pode ser medido. Há curas que chamaríamos de psicológicas e que Jesus as ligou à "fé". Elas se constituíam em verdadeiros sinais da mais elevada plenitude e integridade, chamada por Ele de Reino.

A influência curativa de Jesus sobre aqueles que se voltavam para Ele na fé estendia-se para além do reino físico. Depois de haver curado os dez leprosos e a mulher hemorroíssa, como parte de sua terapia, em ambas essas doenças de exclusão social, Ele se preocupou com a reintegração deles à comunidade. Entendia a sua missão como sendo a de trazer *salus*, a saúde da salvação para todos. Assim Ele tocou na doença de todos nós, pois quem é que não tem necessidade de ser curado?

> Se alguém ouvir minhas palavras e não as guardar, eu não o julgo, pois não vim para julgar o mundo, mas para salvar o mundo (Jo 12,47).

Portanto, Ele não é aquele salvador que os fundamentalistas veem, aquele que condena e amaldiçoa os que não tomam o remédio oferecido por Ele. Mais tarde, a iconografia cristã o apresentou mais nesse estilo, como o Pantocrator, um juiz universal que eleva seu braço ameaçadoramente, tal como na Capela Sistina. Mais tarde ainda Ele foi associado à imagem do imperador divinizado, que governa a partir de seu trono. Porém, a mais antiga imagem que temos de Jesus é a de um jovem pastor, um Apolo cristão que leva a ovelha desgarrada para casa sobre seus ombros. Para a Igreja mais antiga Ele era a "palavra que cura todas as pessoas", assim como a Eucaristia era o "remédio da imortalidade". Salvador, curador ou juiz? Assim como vimos na fé, as metáforas são importantes.

*

Sempre que as metáforas dominantes acerca de Jesus e do cristianismo refletem uma religião de fraca dimensão contemplativa, fatalmente a fé se confunde com a crença. As ideias acerca de Jesus, as fórmulas teológicas que o definem, os rituais devocionais, tudo passa a ser exageradamente definido e defendido, passando mesmo a ser idolatrado e considerado absoluto. Nenhum seguimento religioso valorizou tanto a ortodoxia doutrinária e a uniformidade de crenças quanto o cristianismo, como também antagonizou heresia. É claro que todas as religiões têm suas diferentes escolas e tradições, com gradações de competição e rivalidade doméstica, mas o cristianismo, que foi construído sobre o ensinamento da não violência dos seus fundadores, muitas vezes se destacou pela brutalidade de suas próprias guerras religiosas. Enredada nas políticas europeias de poder, a crença e a afiliação religiosa, com frequência, transformaram-se num teste de lealdade e de heterodoxia política, um sinal de tendência à traição. Fatalmente isso obscureceu a distinção entre a fé e a crença, e até mesmo as dimensões interior e exterior da experiência religiosa. Apesar de uma forte resposta mística a este processo, isso levou a instituição a uma espécie de esclerose, ao enrijecimento das artérias da fé e da contemplação, a um duplo padrão religioso e à superficialidade espiritual. Se o mais importante é *aquilo em que se acredita*, torna-se igualmente importante *o que se diz acreditar*, tendo em vista a segurança pessoal. Cada vez mais a crença religiosa e a prática exterior tornaram-se questão de compulsão social ou legal. E o que acontece na religião ou no comunismo quando dizem no que é preciso acreditar? "Você não acredita em nada! Então vá à igreja, mantenha a cabeça baixa e guarde suas dúvidas e questionamentos para si mesmo". Não é de se admirar que o cristianismo institucionalizado tenha implodido tão rapidamente em sua antiga e principal região logo ao alvorecer da Modernidade, quando a liberdade da escolha pessoal, e não o conformismo social, tornou-se o padrão superior.

Não desejo me desviar do assunto por causa das atuais desgraças do cristianismo institucionalizado, mas creio que seja importante observarmos, ainda que de modo geral, como é que passamos a ocupar isso que Charles Taylor chama de "uma era secular", e entender os significados mais sutis do secularismo. O ambiente espiritual dos nossos tempos geralmente rejeita as estruturas organizadas da religião em favor da experiência pessoal. Isso pode gerar muita confusão pessoal e riscos de uma mentalidade de nova era, exageradamente subjetiva. A fé e a crença precisam caminhar juntas, se desejarmos que o desenvolvimento espiritual se desdobre suavemente. É possível que, com a descoberta de que a profunda interiorização gera comunidade, de que a meditação é uma disciplina e não apenas uma técnica de relaxamento, de que as religiões possuem uma profunda base comum, bem como diferenças intraduzíveis, venhamos a encontrar maneiras de construir novas formas religiosas a partir das ruínas que habitamos atualmente.

Quando se reconhece e se ensina a dimensão contemplativa do Evangelho as metáforas e as formas da Igreja começam a mudar. Elas se tornam mais justas e inclusivas, as mulheres encontram igualdade em um mundo dominado pelos homens; os homossexuais não são considerados desajustados; aceita-se a sexualidade e discriminaliza-se o celibato; questões de justiça social e ambiental tornam-se tão importantes quanto a proteção à ortodoxia. Sempre que a Igreja respira na oração do Espírito, a partir do coração, e não apenas a partir da devoção, seja ela pública ou privada, ela experiencia a transcendência inerente à fé, de maneira coletiva. Ao se tornar menos autocentrada percebe que serve ao Reino e o transmite, mas que não deve ser identificada com ele. Com o ar puro da contemplação, a fé cresce e as crenças se estabelecem no nível correto. Também muda a linguagem que utilizamos acerca de Jesus. Não falaremos mais dele como se fosse o capitão do time que está ganhando, que está derrotando os outros, ou como se fosse o juiz que veio para condenar o mundo. A ideia do sacrifício e da redenção assume um significado mais sutil e místico.

No entendimento de Jesus como Médico Divino, a Palavra que cura todas as pessoas, as metáforas de uma fé que está crescendo interagem com a linguagem da crença. A Igreja começa a falar de uma maneira que o mundo pode entender. Essa clareza entre a fé e a crença marcou a era da Igreja primitiva, quando estavam nascendo os grandes dogmas, a partir de um diálogo entre a contemplação e a razão, o conhecimento e o não conhecimento, a mente e o coração, a escritura e a oração. Obviamente não existiu qualquer período na história no qual a Igreja tenha sido perfeitamente equilibrada. A instituição e o indivíduo, a contemplação e a ação, a razão e a revelação são tensões inatas. Jamais será fácil pertencer à Igreja, mas as pessoas permanecem em seu interior porque fora é mais difícil. Nela o conflito é inevitável e as divisões são previsíveis, mas os grandes formadores da tradição cristã moderaram essas forças por meio da distinção entre as verdades universais, a fé e a prática local. Quando Roma, (já) no segundo século, excomungou algumas igrejas locais por seguirem diferentes datas para a Páscoa, grandes almas, como Santo Irineu de Lyon, sentiram um choque. A diferença nas práticas, disse ele, não comprometem a unidade da fé. De fato, ele foi mais além ao afirmar o valor da diversidade em uma frase surpreendente: "O desacordo sobre o jejum valida o acordo sobre a fé". Só mesmo uma visão contemplativa e uma mente católica podem preservar a unidade dessa maneira generosa e confiante.

A vida das primeiras comunidades cristãs nos inspira e oferece a necessária perspectiva histórica para nossos atuais conflitos. Para crescermos na fé dentro de uma comunidade cristã precisamos da percepção da tradição, assim como do envolvimento pessoal com uma comunidade contemporânea. A linhagem e a transmissão, que na verdade é o que a Igreja é, flui do passado para o futuro por meio da experiência pessoal. Começamos, a partir dos evangelhos, e a releitura deles nos nutre. A *lectio*, a leitura com o coração, e a "mastigação da Palavra" são práticas cristãs que dão equilíbrio à dieta espiritual. Aquele que deseja crescer na fé cristã precisa, como os primeiros cristãos, encontrar o equilíbrio entre a meditação e a *lectio*, absorvendo a Palavra e realizando o trabalho do silêncio.

Entendemos melhor o Novo Testamento em seu contexto histórico e bíblico, mas as Escrituras, como um todo, são uma forma de escritos sagrados, sendo as únicas que possuem o poder imprevisível de iluminar e de abrir a mente e o coração, mesmo para aqueles que conhecem muito pouco de seu contexto ou de sua história. Sua forma expressa seu conteúdo: uma história que é contada de diferentes pontos de vista e que carrega um significado que não apenas se transmite, mas se descobre. A interpretação é o coração da leitura da Escritura. Não se tratam de *sutras*[3], de declarações filosóficas ou de registros históricos. O Evangelho *é* os evangelhos: uma narrativa em quatro dimensões. A história produz o seu próprio comentário quando lida no contexto de nossas vidas, de maneira que nos tornemos parte integrante da história. Em muitas das histórias, o Evangelho faz com que desejemos saber o que teria acontecido a seguir. Como é que Marta reagiu depois que Jesus lhe disse para relaxar e meditar? O que aconteceu com o irmão mais velho que teve ciúmes pelo tratamento dado ao filho pródi-

---

3. *Sutras*, do sânscrito: aforismos, frases concisas e impregnadas de significado [N.T.].

go? Será que o moço rico, que estava muito preso às suas posses a ponto de não poder seguir a Jesus, teve alguma segunda oportunidade? *Nós* somos o que acontece a seguir se tivermos lido as Escrituras de maneira certa.

Como já tivemos oportunidade de ver, a fé leva ao amor. Crescer nela é como continuar se apaixonando, perceber que o relacionamento tem futuro e que não se trata apenas de um romance. Quando encontramos alguém e nos apaixonamos, sentimos que nossas duas histórias se misturam – distintas, porém unidas –, formando uma nova e misteriosa combinação chamada relacionamento. A fé dirige esse processo em todos os estágios em que descobrimos nossa capacidade para o amor.

*

A tradição hindu faz uma distinção entre as escrituras principais e os comentários secundários, *srutis* e *smrtis*. *Sruti* é tudo o que foi ouvido diretamente[4] e *smrti*[5] é aquilo que, subsequentemente, foi objeto de reflexão e memorização. No entanto, a distinção entre a experiência direta e o pensamento acerca da experiência não deveria ser considerada de maneira tão absoluta. O processo de

---

4. *Sruti*, do sânscrito: ouvir, escutar. O termo denota um conjunto de textos sagrados, a tradição revelada, o cânon védico das escrituras hindus [N.T.].

5. *Smrti*, do sânscrito: aquilo de que lembramos. O termo denota um conjunto de textos de literatura da tradição e da lei hindu, posteriores e secundários aos *srutis*.

reflexão também pode despertar a experiência direta, porque a graça não conhece fronteiras. Apesar disso, a distinção entre o pensamento e a experiência é útil para o desenvolvimento da capacidade de conhecer por meio do não conhecimento, e para o entendimento do significado que procuramos dar àquilo que chamamos de fé cristã.

Assim tereis condições para [...] conhecer o amor de Cristo que excede todo conhecimento, para que sejais plenificados com toda a plenitude de Deus (Ef 3,18).

Os cristãos também aceitam essa distinção por meio do repetido retorno aos evangelhos, tomados como fonte primordial, sempre fresca, original, recriadora, tal como é a Palavra de Deus, sempre "viva e ativa" e abrindo caminho através do orgulho do pensamento que, de outra maneira, nos impediria o conhecimento completo. Os comentários acerca dos evangelhos, que se acumularam ao longo dos séculos como a tradição cristã, tornam-nos mais receptivos ao texto original e nos remetem de volta a eles com curiosidade aprofundada e novo discernimento. À medida que a experiência direta se expande, o mesmo acontece com nosso nível de interpretação e o silêncio que resulta de qualquer encontro verdadeiro no Espírito. Para aprofundarmos a fé cristã precisamos desse ritmo da Palavra que leva ao silêncio, da meditação e da *lectio* sem imagens e não conceitual.

A fé, em sua expressão cristã, não poderá amadurecer se não experimentarmos o silêncio e as Escrituras dessa maneira. Contudo, a meditação e as Escrituras não são os únicos meios de fazer com que a fé cresça na vida cristã. A única coisa que mantém a harmonia de todas as vias é o amor e a comunhão. A fé não pode crescer sem que esteja ativa no amor. Mesmo que não estejamos pensando em Cristo, nós o estamos encontrando, servindo e amando uns aos outros. Assim, também há o serviço aos outros, nos quais vemos o Cristo, mesmo que não o reconheçamos. Representando nosso papel na sociedade há trabalho altruísta, desde que estejamos do lado dos mais necessitados. Há a celebração da Eucaristia, o mistério do deleite transformador de sua presença autodoadora. Há inúmeras outras formas de devoção, vida comunitária e o paciente desenvolvimento dos dons que Deus nos deu.

Muitas vezes as pessoas que assumem ou que rejeitam a identidade cristã têm pouquíssimo conhecimento desses textos formadores. Pode ser que os tenham ouvido (de modo inaudível e sem comentário) na Igreja, ou que tenham entrado em contato com eles por citações ao acaso em funerais ou casamentos. Muitos cristãos que começam a meditar têm pouca familiaridade com suas Escrituras. Ainda assim, a experiência que encontram na meditação os remete à busca delas para descobrir o significado daquilo que estão aprendendo, bem como para o sustento da jornada a que deram início. No centro de toda a experiência que abrange tanto o silêncio quanto a palavra está Jesus, a pessoa, não as interpretações ou os comentários acerca dele, não as imagens ou as ideias, mas um amor, uma presença na qual eu também estou presente para mim mesmo, de uma maneira integralmente nova. Reconhecê-lo é saber o significado do discipulado, e isso é a fé cristã. A fé é relacionamento, as crenças fazem uma tentativa de expressar isso.

Os evangelhos contam a história de Jesus de Nazaré, um pregador, terapeuta, profeta, um fracasso social. A narrativa da história de sua vida e morte se funde, misteriosamente, na experiência de sua presença. Sempre haverá novas maneiras de se contar a história. Na versão do filme em preto e branco de Pasolini, fiel às palavras do Evangelho segundo Mateus, reconta-se a história em uma nova mídia, utilizando não atores, mas apenas as palavras do Evangelho, e imagens fortes. Vemos um Jesus que tem a intensidade da juventude: apaixonado, com mente focada, compassivo e destemido; mas, ao mesmo tempo, repleto do mistério da vacuidade divina. Qualquer que seja a maneira pela qual a história for recontada, quanto mais a conhecermos, mais profunda ela nos parecerá e mais expandirá a presença do Mestre, permeando toda a realidade, de um modo que transcende a religião e o sagrado. A narrativa do Evangelho nos conta que era essa mesma profundidade, e as exigências que ela fazia, que levaram muitos a deixar de segui-lo.

Essa vacuidade, de profundidade infinita, é o significado que damos ao mistério de Jesus. Começamos a tocá-lo na meditação. A vacuidade divina pode, na verdade, ser terrível. Porém, ela também conduz a uma descoberta de um novo tipo de conexão na nossa solitude humana, uma paixão que não é essencialmente emocional, ainda que cure as emoções; um mergulho no autoconhecimento dentro de uma intimidade que se mantém oculta e indescritível. Não se trata de algo puramente intelectual, não depende de nos lembrarmos de um personagem histórico, nem se trata de mágica que dependa de ritual ou encantamento. A fé cristã não nos dá uma chave que nos permita a entrada em uma sala privativa de um clube, à qual temos acesso privilegiado para uma conversa com Jesus, para entendermos o enfoque que Ele dá às coisas, ou para conseguirmos a satisfação instantânea de nossas necessidades. Isto seria uma colcha de retalhos da fé, um relacionamento virtual semelhante aos relacionamentos de uma sala de chat; intensos, mas desarticulados. A intimidade com Jesus, que surge e se desenvolve na fé cristã, não é uma conversação imaginária que orbita meus desejos e fantasias privativos; não se trata de um jogo mental. No entanto, a fé cristã desenvolve um relacionamento com Jesus. Isso reflete uma lei que encontramos em todos os relacionamentos; o autoconhecimento e o amor pela pessoa com quem você se relaciona desabrocham juntos, e de maneira sincronizada.

*

Aquele Jesus, conhecido por meio de uma fé que cresce dentro de uma comunidade cristã (comunidade significa precisamente que não se trata de um relacionamento exclusivo ou privativo), é mais do que uma reapresentação histórica. Existe uma sala estranha em Mount Vernon, no Estado da Virgínia, naquela que foi a casa de George Washington e hoje é um templo nacional, mais do que um museu. Nessa sala uma atriz, se assim podemos chamá-la, estudou e assumiu completamente a personagem da Sra. Washington. Ela fica sentada, tricotando e conversando com os visitantes, sem por um único segundo abandonar a personificação. Na fé, não precisamos chegar a esses extremos de recriação imaginária, formando quadros mentais de Jesus, conversando com Ele. Esses são exercícios válidos da oração cristã, semelhantes à visualização que se procura fazer em algumas disciplinas budistas, mas são preparatórios, parciais e nos abrem para algo muito mais real.

Tal como diz João Cassiano, quando descreve a diferença entre a visão mental e espiritual:

Toda mente se eleva e se forma, em sua oração, de acordo com o nível de sua pureza. Na medida em que ela se retira da contemplação das coisas mundanas e materiais, o seu estado de pureza permite que progrida e seja a causa para que o olhar interior da alma veja Jesus. [...] Pois não poderão vê-lo em sua realeza aqueles que não possam dizer como o Apóstolo: "[...] se conhecemos Cristo segundo a carne, agora já não o conhecemos assim"[6] (CASSIANO. *Conferência X*, 6).

A "oração pura", na qual deixamos de lado todos os pensamentos e imagens já era causa de controvérsia no tempo de Cassiano. De fato, ele contextualiza o ensinamento sobre a meditação em um seu relato acerca do conflito teológico a que chamou de "heresia antropomórfica". Descreve a angústia causada a um velho e reverenciado monge do deserto chamado Abba Serapião, que se agarrava ao nível imaginativo da oração. Finalmente persuadiram-no a abandonar tais imagens e deixar-se levar pela oração pura. Um dia, ao fazê-lo com um grupo de outros monges, ele caiu em prantos, indo ao chão e gritando: "Levaram meu Deus embora, e eu não sei a quem possa rezar". Trata-se de uma história tocante, do desafio de se mudar as marchas do câmbio espiritual. Porém,

---

6. 2Cor 5,16 [N.T.].

ainda mais tocante e revigorante é o apoio que ele recebeu dos demais companheiros de oração, que o confortaram o trouxeram de volta ao seu círculo de silêncio repleto de fé.

Ainda que a meditação, a oração pura, tenha se tornado uma parte integrante da tradição espiritual cristã, manteve-se desafiadora no nível pessoal e controversa no nível institucional. Em períodos de crise, muitas vezes a consciência contemplativa desperta com mais energia. Isso aconteceu na era das trevas do século XIV e se encontra no coração da renovação do cristianismo de nossos dias, em que ela está sendo praticada em uma escala sem precedentes. O desafio não consiste apenas na dificuldade intrínseca da prática. A pobreza de espírito que conduz à pureza do coração não é religião consoladora, mas "religião como transformação", que inevitavelmente é difícil de sustentar. No entanto, o desafio nos dias de hoje se compõe de características específicas, particularmente de nosso pluralismo, que é excitante e desconfortável. Jamais nos defrontamos com as diversas expressões da fé e sistemas de crenças tão diretamente ou em escala tão grande; por meio da migração e da globalização econômica, tradições e culturas outrora isoladas são jogadas umas contra as outras, em coabitação. No coração do cristianismo ocidental a Igreja está largamente desacreditada. Sociedades outrora cristãs são, hoje, "sociedades multifé". Na França há mais muçulmanos frequentando as mesquitas do que cristãos indo à igreja. A Modernidade criou um mundo inter-religioso, mas ainda carece de uma linguagem de fé que todos possam entender.

O Concílio Vaticano II previu essa diversidade emergente há 50 anos. Em seu espírito profético, a decisão do Concílio não condenava nem temia esse desenvolvimento, mas inesperadamente afirmava um compromisso com o diálogo, o que abriu uma nova era no cristianismo e em todas as religiões do mundo. Num ensinamento de respeito e reverência genuínos, e não de tolerância pragmática, o Concílio declarou "não rejeitar nada que, em outras religiões, seja verdadeiro e sagrado"; uma reviravolta monumental na consciência, uma alteração sísmica na história das religiões.

Isso é progresso. Essa nova abordagem da fé cristã na direção de outras tradições é nada mais nada menos do que um salto evolucionário no entendimento do significado da fé. Como resultado, disparou um novo entendimento da espiritualidade, porque apenas essa dimensão interior e profunda da religião pode sustentar essa expansão do entendimento. Essa perspectiva mais abrangente do relacionamento entre as diferentes expressões da fé torna necessária uma espiritualidade contemplativa em uma maior escala. Aquilo que outrora era uma constelação de comunidades consagradas (ao menos era assim que as imaginávamos) voltou a fazer parte da corrente principal. Hoje, quando perguntamos qual é o significado da fé cristã, nós o fazemos dentro de uma estrutura de entendimento inter-religioso, na qual as diferenças e as semelhanças têm pesos complementares. A era da conversão intencional é do passado; nasceu a era do testemunho e do diálogo. Este se tornou uma oportunidade de desenvolvermos a fé cristã para uma nova maturidade e universalidade; mas, para muitas pessoas, ele ainda é de difícil entendimento e fonte de confusão ou de contradições.

Ainda existem cristãos que acreditam que o próprio diálogo destrói a fé e nos torna infiéis a Cristo, porque implica um nível de igualdade e respeito pelo direito que o outro tem de existir à sua própria maneira. Cristãos de orientação fundamentalista veem isso como uma traição a Cristo, que declarou: "Ninguém vem ao Pai a não ser por mim". A nova era de fé em que vivemos demanda uma nova leitura das escrituras de nossa própria tradição de fé, bem como um conhecimento daquilo em que os outros acreditam. Há muitas pessoas que hoje rejeitam esse chamado e se agarram a uma forma mais antiga do cristianismo. Contudo, realizou-se um progresso recorde no desenvolvimento da identidade cristã, mediante a recuperação da experiência contemplativa e o diálogo inter-religioso. Aqueles que enfrentam o desafio e assumem o risco do diálogo descobrem que não estão perdendo ou traindo a fé, mas a estão reforçando e aprofundando.

*

Em uma de minhas primeiras viagens à Tailândia encontrei um monge budista norte-americano, tornando-me seu amigo. Ele me convidou a visitar seu mosteiro no sul do país depois que terminei meu programa de retiros para meditantes cristãos. Ao chegar, descobri que meu amigo se atrasara um par de dias. Senti-me um tanto encalhado, em um local estranho e remoto, de uma religião diferente, e onde, adicionalmente, estava isolado do ponto de vista linguístico. Aceitei isso como uma oportunidade para praticar um ou dois dias de quietude e de observar a vida dos monges. Comecei a me sentir profunda mas perturbadoramente impressionado pela vida e pela atmosfera que estava a meu redor.

Parecia ser um genuíno mosteiro contemplativo, no qual a meditação era peça central. Conhecia o suficiente para saber que nem todos os mosteiros budistas da Tailândia (ou mesmo de outros lugares) são dessa maneira. Emocionei-me e me impressionei, sentindo que o meu próprio impulso monástico original estava revigorado. Não pude deixar de compará-lo com outros mosteiros que eu conhecia de minha própria tradição, nos quais a meditação era, na melhor das hipóteses, reconhecida sem que fosse praticada, e alguns outros em que ela era, na verdade, encarada com suspeição. Percebi o quanto a meditação é universal e fundadora como caminho de sabedoria da fé, e quão triste é ver que ela não é universalmente reconhecida ou praticada pelas próprias pessoas nas quais o mundo deveria poder encontrar orientação e inspiração. Então fui repentina e brevemente assaltado por um pensamento perturbador. Por que não ficar aqui, onde se entende e se pratica a meditação, onde ela não precisava ser defendida ou justificada para pessoas que já deveriam saber disso? Não se tratava de uma ideia lógica ou pensada, mas foi um forte impulso emocional. O capim parecia muito mais verde desse lado, ao menos por um curto intervalo de tempo. No mesmo instante me dei conta de que isso significaria uma mudança em meu caminho de fé; não se tratava de algo de menor importância. Não posso dizer que eu tenha levado isso totalmente em consideração, ou que o desejasse, mas o perturbador era o simples fato de que pudesse me ocorrer o pensamento de seguir numa direção que me conduziria a fazê-lo. Senti um lampejo de medo, de que eu pudesse ser levado a perder minha fé, ou, como poderíamos dizer nesse contexto, de que minha fé pudesse se tornar mais budista do que cristã. Tudo isso foi processado em apenas um momento, mas também foi muito perturbador perceber como a minha identidade pessoal podia ser ameaçada. Eu poderia preferir ficar onde encontrei um compromisso com um caminho de fé, de uma profundidade tal que raramente havia encontrado em minha terra? Pagaria o preço disso? Seria a minha própria identidade tão fraca, minha própria trilha de fé tão superficial, de modo a permitir que isso ocorresse? Tive um vislumbre do precipício ao lado do qual caminhamos todos os dias sem nos darmos conta.

O momento passou rapidamente. Não entrei em pânico, mas esperei que ele passasse, e agora eu diria que a minha fé se tornou mais profunda a partir daquele fato. Também passei a me sentir grato por aquele momento de incerteza por um outro motivo. Isso me ajudou a ver a dolorosa ansiedade que muitos cristãos sentem quando se defrontam com a profunda fé de outras religiões, e porque eles podem temer por sua identidade e o diálogo pode parecer conluio com o inimigo. A partir de então, quando sinto a ânsia de falar acerca de dimensões mais abrangentes da fé cristã para cristãos de característica muito limitada ou intolerante, a recordação dessa experiência me ajuda a sentir empatia por eles. Eu passei a perceber as garras do medo que os apanha na armadilha. Trata-se de uma ansiedade existencial envolvendo não apenas o medo de nos tornarmos apóstatas, mas também o de perdermos a própria identidade central. Em outras palavras, trata-se de um medo da morte. Se você não pode enfrentá-lo, pode muito bem reagir violentamente e fugir, não apenas do diálogo, mas de qualquer contato humano com o outro que lhe ameaça. Por outro lado, se você o deixar do lado de fora e enfrentá-lo, descobrirá a identidade que tanto temia perder tornar-se reesclarecida e renascida.

O diálogo inter-religioso é um desafio, e até mesmo um risco, mas também é uma oportunidade para se identificar o verdadeiro significado da fé cristã. Ele põe à prova a integridade, porque precisamos encarar a pergunta que é honesta: Estamos verdadeiramente interessados no diálogo ou secretamente estamos procurando converter a outra pessoa? Estamos apenas participando de propostas religiosas com um coração descomprometido? Estamos sendo polidos? Ou, ainda, estamos procurando verdadeiramente enxergar a realidade do ponto de vista do outro? Ao longo dos anos pude aprender muito com o Dalai-Lama acerca dessas perguntas incômodas; a maneira pela qual realmente procura enxergar a verdade do ponto de vista do outro. Ele assume o risco e, se sente algum medo de fazê-lo, eu não consegui notar. Sua identidade budista é inabalável, mas está inerentemente aberta, e ainda que ele se permita completa expressão de sua curiosidade vivaz, isso não mina a sua fé. Penso que isso não se dê porque o budismo não é dogmático e coloca à prova, de maneira experiencial, tudo o que o praticante vir a acreditar, até que a experiência o comprove. Ao contrário, os cristãos são descritos como sendo dominados pela necessidade de acreditar no dogma sem colocá-lo à prova. Na verdade, os budistas, às vezes, podem ser tão dogmáticos quanto qualquer outra pessoa, e os cristãos podem deixar de lado seus pensamentos e entrar no silêncio que coloca à prova absolutamente tudo, inclusive o dogma.

O cristão entra no silêncio de Deus pelo motivo sugerido por Simone Weil, quando ela disse que se tivéssemos que escolher entre Cristo e a verdade, faríamos bem em escolher a verdade, porque não iremos muito longe antes de cairmos nos braços do Cristo, que *é* a verdade. Este é um lembrete para entendermos a maneira pela qual o diálogo aprofunda a fé cristã: coloca nossa integridade à prova e nos mantém humildes.

Ao entrarmos no silêncio da fé vemos aspectos da verdade a partir de uma perspectiva que, do nosso ponto de vista seguro e familiar, ainda não havíamos visto. A fé é um panorama ilimitado e continuamente se escancara, à medida que reajustamos a crença à nova intensidade da fé, conferida pela visão que se modifica. Do mesmo modo, após um profundo diálogo voltamos às nossas próprias escrituras e formas devocionais com uma nova apreciação da maneira como elas se relacionam com o caminho da fé. Esse é um aspecto atual da fé cristã, descoberto no encontro com as outras tradições. Um outro aspecto, o problema da Igreja, é doméstico, interno, um assunto de família.

*

Muitas vezes o problema que as pessoas têm com a Igreja é o motivo para que se afastem da fé cristã, seja na direção de uma terra de ninguém, de um eclético pluralismo religioso, uma pitada disso, uma pitada daquilo, conforme o estado de espírito do dia; seja na direção de uma outra tradição, abandonando o barco do cristianismo, com a séria intenção de seguir por esse caminho pelo resto de suas jornadas. Existem muitos problemas com a Igreja, e sempre existiram. Hoje eles têm recebido todo o brilho dos holofotes da publicidade, particularmente na Igreja Católica com a questão dos abusos sexuais perpetrados por alguns clérigos em crianças, e o acobertamento de autoridades mais preocupadas com a reputação da Igreja do que com as vítimas, sejam aquelas do passado ou as de um potencial futuro. Existem outros motivos para a perda de credibilidade da Igreja: o apego cheio de orgulho e tenacidade às divisões institucionais, uma excessiva ênfase sobre a moralidade sexual, contrastando com uma insuficiente ênfase sobre as exigências da justiça social e da crise do meio ambiente, e a relutância em alterar as formas de se acomodar às normas da era moderna. Um outro motivo é, simplesmente, de ordem espiritual. As pessoas podem até tolerar uma instituição religiosa excêntrica e pecaminosa, desde que ela não tenha perdido a sua dimensão espiritual. Todavia, elas se afastam quando sentem que a Igreja está fracassando em sua tarefa de fornecer o ensinamento e o apoio para a longa e profunda jornada da fé a que ela se propõe.

Hoje, seja por motivos sociais ou espirituais, muitas pessoas relutam em admitir publicamente, ou até mesmo para os seus amigos, em diversas esferas da vida, que estejam, de algum modo, fazendo a sua busca na direção da senda cristã.

Certo dia, conduzindo um retiro, uma jovem veio falar comigo. – Oh, foi tão maravilhoso – ela começou – quando cheguei na sexta-feira à noite. Vi que uma amiga de trabalho também estava aqui, e ela disse: "Oh, não é maravilhoso que você esteja aqui também!

Eu respondi que era bom descobrir que há algo de mais profundo, em comum, com uma pessoa com quem se trabalha.

Porém, ela continuou a dizer: – Minha amiga me disse: "Mas não diga a ninguém no trabalho que eu estava aqui, tá?"

Eu imagino que, se aquele fosse um retiro budista, teria sido uma maneira aceitável de se passar um fim de semana; mas que a atual moda iria considerar inaceitável que se dissesse: "Fui a um retiro cristão no último fim de semana".

Hoje, todos os cristãos estão conscientes da pobre imagem que têm na mídia. Eles convivem com isso de maneiras diferentes, ainda que alguns, é claro, não desejem, de maneira alguma, ser associados àquilo que parece ser um dos grandes perdedores da atualidade. A igreja (ou todas as igrejas) é um grande mistério, também porque sobrevive à sua própria característica autodestrutiva. Muitas vezes, as suas capacidades gerenciais são horríveis e suas decisões são injustas; pode vir a ser hipócrita e deixar de enxergar isso. Ela pode até oprimir os seus próprios membros e, friamente, virar as costas aos que estão do lado de fora. Precisa amadurecer muito quanto às suas atitudes em relação ao sexo e aprofundar-se muito quanto à oração. Muitas vezes ela se deslumbra com sua própria magia branca. É assombroso que sobreviva, apesar de suas virtudes e de seus bolsões de santidade transcendental.

Talvez seja o "depósito de fé" que a salva de si mesma. De alguma forma, ela está energizada pela verdade que Jesus pronunciou; pela verdade que é Jesus. Na contínua transmissão do Espírito ela encontra os recursos para compartilhar isso, geográfica e historicamente, carregando uma mensagem assombrosa e terrivelmente revolucionária. Não causa muita surpresa o fato de que uma instituição qualquer que carregue tamanha energização muitas vezes fracasse ou mesmo traia sua mensagem, adulterando-a de maneira embaraçosa. É muito fácil dizer: "Será que Jesus teria realmente dito isso, ou enfatizado dessa maneira?" "É Jesus quem fala isso?" "Isso está de acordo com o espírito dos evangelhos?" "Por que complicar tanto todas as coisas? "Por que criar uma burocracia para policiar as crenças, quando o Evangelho diz apenas para nos amarmos uns aos outros?"

Tal como os primeiros e aparentemente mal escolhidos discípulos de Jesus, a Igreja é "lenta para entender"; lenta e fraca. A Igreja institucional é a estrutura que gerações de discípulos arquitetaram e que se desenvolveu de acordo com preceitos sociológicos. Mesmo como um católico posso compreender a maneira pela qual a hierarquia da Igreja está divinamente arquitetada. Tal como todas as instituições, ela ganha inércia, está obesa e resiste às reformas. Tudo isso faz com que seja mais fácil perdoar e conviver com determinadas coisas.

A própria fraqueza da Igreja institucional pode, no entanto, tornar-se um meio de aprofundamento da fé. Isso revela, principalmente, algumas das maneiras pelas quais a instituição realmente tem sucesso em sua missão. Porque viajo, muitas vezes tive a oportunidade de ficar impressionado e de sentir orgulho pelo que a Igreja faz. Em muitos lugares, distantes dos centros do poder religioso, freiras idosas, jovens sacerdotes, bispos de meia-idade, mulheres solteiras sacrificam-se heroicamente dentro da Igreja para servir ao mundo.

Encontrei-me com pais que fazem da formação espiritual de seus filhos a sua prioridade. Pessoas muito trabalhadoras que atuam na obra espiritual e material de sua paróquia ou comunidade local. Homens e mulheres de negócios que a cada dia lutam para sincronizar sua vida profissional com sua fé e sua crença. As pessoas doam aos outros quando elas mesmas estão sentindo o aperto. De maneira silenciosa e sem reconhecimento e, apoiadas por sua vida na comunidade cristã, há pessoas que servem como pacificadores, com paciência e integridade sobre-humanas. Tudo isso porque alimentam e vivem a sua fé na Igreja.

Ivan Illich percebeu que as profundas falhas estruturais na Igreja eram o resultado de que há muito tempo ela sucumbiu à tentação de adquirir e se agarrar a um poder que não é o do reino espiritual. Pouquíssimos são os que podem resistir à oferta de poder; Jesus o fez no deserto, quando o demônio o levou ao topo do monte e lhe ofereceu os reinos do mundo. Poucos não se sentem tentados a dizer: "Está bem, aceitarei esse poder, circunstancialmente, porque com ele farei um mundo melhor". Do mesmo modo rezamos para ganhar na loteria, para que com isso possamos financiar boas obras.

Talvez a Igreja tenha que conviver com esse dilema. Todos damos nosso apoio a coisas com que não concordamos, por meio de nossos impostos, mas o pagamento destes é uma condição para a cidadania. No entanto, não podemos nos esquecer de que o Evangelho rejeita, radicalmente, um relacionamento representado pelo desejo de poder sobre as outras pessoas. A clericalização da Igreja foi uma das primeiras maneiras com as quais ela contrariou isso. Porém, como é possível uma Igreja funcionar a contento sem algum tipo de clero? Portanto, não é que a Igreja não devesse ter clérigos ou ordens religiosas; ela precisa deles, e alguns vivem a sua fé nesses meios de vida. Porém, a clericalização da mente cristã, com sua estrutura hierárquica e piramidal, tornou-se um sintoma da sucumbência à tentação do poder. A prática contemplativa dissolve essa esclerose espiritual. De uma mesma e igual maneira, tanto para os clérigos quanto para os leigos, ela abre um campo comum no qual todos podem suspender a representação de seus papéis e se encontrar no Espírito. Um exemplo disso é o Grupo de Meditação Semanal que se reúne em paróquias. Um dos que conheço é conduzido por uma mulher da paróquia, mas o pároco participa fielmente, tomando seu assento ao lado dos outros membros do grupo.

Do ponto de vista institucional, a Igreja pode dar ênfase exagerada à crença e à estrutura, empurrando a fé para as suas bordas. Ela também pode perseguir ou intencionalmente ignorar os profetas que Deus eleva em suas fileiras. A vida contemplativa traz de volta o que havia sido asfixiado e mantém o suprimento do oxigênio da fé de modo a, novamente, enxergarmos aquilo que está no próprio coração da Igreja, como também seu verdadeiro significado.

*

A crise que hoje se desenrola na Igreja atingiu suas mais profundas estruturas. Está em curso um lento desmantelamento do velho sistema de poder e um desligamento das formas tradicionais de estar no mundo. Trata-se de um processo lento, assim como esperamos que sejam todas as coisas na vida de uma entidade tão transcultural e trans-histórica, em parte por ser tão forte o apego eclesiástico. Há tanto investimento nisso, no nível psicológico e cultural. Ainda que a sua forma existente possa ser admirável e bela, está surgindo, também, algo radicalmente novo. A partir de suas diferentes perspectivas, tanto Karl Rahner quanto John Main viram que o novo cristianismo demandará uma fé mais profunda, que o conduzirá mais plenamente à sua dimensão contemplativa e, assim, também tornará suas maneiras de agir mais radicais. O melhor teólogo de seu tempo, Rahner, profetizou resolutamente: "Ou o cristão do futuro será contemplativo ou não haverá cristãos".

Ao respirar o oxigênio da fé a Igreja fala acerca de Jesus, preocupando-se menos consigo mesma. (Quantos sermões falam sobre Jesus, o mistério que Ele é e o desafio de quem nós dizemos que Ele é?) Ela não procura competir com as outras religiões em disputas de salvação. Seu ensinamento moral se torna mais equilibrado e realista. Porém, a Igreja se compõe de seus membros, e a fé é pessoal, antes que se expresse socialmente. Portanto, a renovação do cristianismo é incremental, e começa pelas bases, antes mesmo que os líderes saibam o que está acontecendo.

Em meio ao processo de mudança muitas vezes não é fácil ver o trabalho de amor que o leva pela mão. Existe o sentimento da perda, da incerteza, do conflito e do perigo. Todavia, o amor, que evolui constantemente do eros, por meio da amizade, para o ágape, é o mistério que floresce. A fé cristã é o relacionamento com Jesus, e assim como em todos os relacionamentos de amor, só há uma direção a ser seguida: mergulhar mais fundo ou morrer. A meditação também se refere a relacionamento com o eu, com os outros, com Deus e, num trabalho de atenção pura, ela é um trabalho de amor que nos modifica e aprofunda. À medida que o amor brilha em todas as partes de nós, até mesmo nos cantos mais escuros, caminhamos para a plenitude da vida.

A Igreja institucional se parece com um fio elétrico desgastado que transmite essa energia renovadora. Algumas vezes ele se parte, aparentando interromper a transmissão da fé. Porém, a própria energia que transmite o conserta.

*

Em lugar de ver apenas as estruturas institucionais corrompidas, a fé nos possibilita perceber o corpo místico de Cristo. A experiência do crescimento na fé tem semelhança com a experiência do amor, que foi mais forte que a morte e que nos envia de volta ao mundo, assim como fez com Ele, para vivermos aqui de uma nova maneira. De modo local, pessoal e global, a fé cristã integra e transcende o individualismo; ela amadurece em comunidade, porque a salvação, a cura e a restauração da plenitude são interdependentes.

Em todo relacionamento fiel atravessamos estágios e galgamos diferentes níveis. Às vezes, ao entrarmos em um outro estágio, uma pessoa amada pode aparentar ter-se tornado completamente estranha. Essa perda horrível pode levar a uma nova intimidade, a uma união de amizade mais profunda. Ou, não. Não existem garantias, e a única certeza é a mudança. O crescimento se dá através da crise, e a fé cristã, também no nível pessoal e coletivo, está em crise. Nesse relacionamento com Cristo atravessamos estágios, marcados por novos níveis no autoconhecimento. E quem é que não está se relacionando com Cristo, como um mestre universal da humanidade, ainda que rejeite a Igreja que leva seu nome e sua mensagem ao mundo? Existem tipos diferentes de relacionamento, formas e gradações diferentes da fé. Porém, se a pessoa com a qual estamos envolvidos está em toda parte, todos possuímos algum tipo de relacionamento com aquela pessoa.

Em meu livro *Jesus: o mestre interior* mencionei que o primeiro estágio da fé é uma simples abertura para Jesus, como uma realidade histórica. Isso pode parar por aí e continuar sendo um assunto altamente conceitual. Porém, se isso levar a uma consciência atenta de que esse relacionamento passou a ter uma influência pessoal, na maneira como sentimos e vivemos, e que, como resultado, estamos mais inteiros, então isso já terá caminhado para um outro nível. Trata-se de uma questão de pura atenção consciente.

O terceiro nível nasce com a percepção da mudança de fronteiras e da expansão dos horizontes. Quem será Ele, esse que começamos a conhecer, e como é que sentimos que Ele nos conhece? Será que Ele é aquele que é

Uno, aquele por quem estivemos esperando, o Verbo que se fez humano?

O que é o cristão completo? Quem é que jamais teve fé cristã completa? Talvez Jesus seja o único cristão verdadeiro, porque esvaziou a si mesmo no Pai, que se esvaziou nele. Jesus sempre aponta para além dele, para o Pai. Por essa razão, Ele não é uma pessoa com quem nos possamos relacionar facilmente e conhecê-lo é saborear a vacuidade. Talvez só sejamos cristãos quando nós também nos esvaziarmos – vazios de desejo e de autorreferência – e nos encontrarmos, pela perda do eu, em união com aquele cuja própria presença é convite isento de coerção. Podemos dizer, no entanto, que o crescimento na fé corresponde ao amadurecimento pessoal. Apenas um tipo muito imaturo de fé precisa se defender. À medida que cresce, a fé nos faz voltar para fora, com uma nova paixão por unidade e inclusão.

A fé cristã tem existência indestrutível, mas não é imutável. Ela não pode ser reduzida à crença e está livre da cultura que cria; ela tem corpo, não é abstrata. A cultura da cristandade está mudando; caminhou para um mundo pós-cristão depois de séculos de se autoexportar e, muitas vezes, de se autoimpor. O mundo secularizado em que a fé cristã deve agora crescer, paradoxalmente, foi criado pela própria visão cristã: o respeito à dignidade humana universal, a significância dada ao matrimônio e à vida comum, o significado da liberdade. Isso sugere que a fé não está limitada a formas religiosas. Um "cristianismo sem religião", tal como imaginado por Dietrich Bonhoeffer, pode, ao menos, ser imaginado. É importante o contexto social no qual cresce a fé, mas a essência da fé cristã é simplesmente a de nos descobrirmos tocados pelo poder não coercivo de Cristo. O primeiro vislumbre consciente de que isso está acontecendo é saber que estamos sendo curados. Certa vez Jesus disse a alguém como nós: "Vai, tua fé te salvou".

> Preferimos nosso isolamento autoprotetor ao risco do encontro face a face com o Outro, no silêncio de nossa vulnerabilidade. Relutamos em admitir que sejamos os doentes e os pecadores a quem Jesus veio curar (MAIN, J. *A palavra que leva ao silêncio*, p. 86).

8

A UNIDADE

A meta é o estado de unicidade. Aproximamo-nos dele através de gradações de unidade. O entendimento do significado da unidade acompanha a fé no nível pessoal do crescimento, no relacionamento com os outros e conosco mesmos. Porém, isso também se manifesta nos níveis social e global, à medida que enfrentamos a crise de nosso tempo e as divisões e conflitos que ela produz.

John Main entendia a meditação como um caminho da realização do potencial para a unidade que existe nas profundezas de nossa natureza, e que aguarda ser realizado:

> Temos um princípio de unidade dentro de nosso ser, e é esse nosso espírito que é a imagem de Deus em nosso interior (conferência de John Main).

Todo ato de fé que realizamos e repetimos incentiva o processo da realização desse princípio de unidade no caminho de nossa vida. Todo ato de fé, assim como toda meditação e todas as vezes que repetimos o mantra, contribui para que nos integremos um pouco mais, apesar de nossos inevitáveis fracassos e infidelidades. Poderemos sempre nos decidir novamente pela volta ao lar. Voltaremos ao lar, para o mesmo ato de fé, onde nós pertencemos, tal como voltamos ao mantra sempre que nos distraímos. Em relacionamentos significativos voltamos para as pessoas e para os compromissos aos quais nós mesmos, na fé, nos doamos.

O entendimento da fé significa ver que todo ato de fé, tenha ele sucesso ou não, ajuda o indivíduo a se tornar mais inteiro, mais uno. Ele nos integra a partir de todos os meios que analisamos até o momento, como também da espera, da purificação da visão espiritual, da visão das coisas que a mente não pode ver; da escolha, priorização nas nossas vidas, e, portanto, ao trazer às nossas vidas ordem, centralização e equilíbrio; por meio da transformação de nossa experiência do tempo. Passamos a nos conscientizar dessa integração a partir da resistência, da paciência e, acima de tudo, da autotranscendência pela qual toda pessoa humana encontra seu espaço para crescer.

*

A integridade que vem com a fé gera um dividendo moral. A pessoa que é fiel se tornará verdadeira, justa e pacífica, porque a fé é a semente que germina o amor, e todas as virtudes estão contidas nele. *No início está a fé; no fim está o amor.*

É por causa dessa melhora moral – que é natural – que passamos a sentir que a meditação nos faz *bem*. Utilizamos a palavra "bem" para dizer muitas coisas, mas ela alcança o maior significado por meio do sentimento da conexão causal que existe entre a prática diária e o nosso ser e agir melhor. O fator "eu me sinto bem" da meditação não é autocentrado, porque sua conquista é árdua, e porque altera todas as coisas, desde a maneira como pensamos até a qualidade de nosso trabalho. Certa vez falei em uma conferência para professores de uma escola de Administração logo após a falência da Enron. Eles estavam em meio às reações das notícias chocantes, de má-fé corporativa, e vendo alguns de seus melhores ex-alunos sendo levados algemados. Os professores estavam confusos e se questionavam. Deveriam tê-los ensinado diferentemente? O que haviam feito de errado como educadores? Eles chegaram à conclusão de que haviam favorecido um treinamento obsessivamente orientado para o maior sucesso e ao lucro, em prejuízo dos cursos de ética nos negócios. Eu disse que não podia ver isso como a causa principal para a falência generalizada de uma cultura profissional. O caso da Enron era apenas o maior, e o pior, em meio a uma corrupção de padrões muito disseminada. Com ou sem os cursos de ética, as pessoas sabem quando estão mentindo ou enganando. O que se fazia necessário, para mim, era que essas brilhantes mentes da administração se permitissem espaço suficiente para experimentar a sua própria bondade essencial. Então, o significado da bondade tornar-se-ia claro em suas vidas pessoais e profissionais. Tudo muda quando você sabe, por experiência própria, que apesar de todas as suas falhas é essencialmente bom.

Essa experiência da nossa bondade essencial é diferente e mais simples do que qualquer outro sentimento. Ela faz parte de um nível místico da integridade. O significado dessa inteireza é aquela mesma unidade de espírito de que John Main nos fala, o "princípio de unidade" que, por natureza, está em nosso interior. Ele é gerado pelo nosso próprio espírito, tanto quanto, e da maneira mais maravilhosa, pela nossa semelhança com Deus. Trata-se da coisa mais óbvia e ao mesmo tempo mais difícil de acreditar acerca de nós mesmos.

Ricardo de São Vítor, monge do século XII, disse que a educação desse sentido místico começa com a simplificação de si mesmo. Ou seja, crescemos espiritualmente e caminhamos para a dimensão contemplativa da fé por meio da autossimplificação. À medida que nos tornamos um problema para nós mesmos, em conflitos e contradições, ou quando meramente temos coisas demais acontecendo ao mesmo tempo, e com muito estresse, ansiamos por essa suprema simplicidade primordial. Quando a tivermos perdido, poderemos também ter esquecido o nome daquilo que perdemos, o que significa a simplicidade e como recuperá-la. Todavia, mesmo que ela se transforme em um desejo sem nome, enterrada profundamente entre camadas de irrealidade, ansiamos por ela, e essa simplicidade é a carência espiritual de nossos tempos. Ao ouvirmos falar da meditação poderemos sentir que isso possivelmente seja o que estamos buscando. No entanto, apenas o que é simples pode nos simplificar, e é por isso que é tão importante continuar a manter uma abordagem simples na meditação: disciplina, em lugar de orientar-se pela técnica.

Paradoxalmente nos sentimos seguros ao descobrir que simples não quer dizer fácil. Descobrimos o verdadeiro significado da simplicidade a partir da ascese de nossa disciplina de meditação diária, que limpa a memória, esvazia os velhos armários da mente e abre os aposentos que estavam trancados, permitindo-nos o enfrentamento de medos antigos. John Main é direto quanto a isso; ele nos diz que precisamos de determinação, e que à medida que progredimos precisaremos de mais fé, e não de menos. A meditação, quando abordada dessa maneira, é a melhor forma de fazer com que a fé cresça.

*

Com o passar do tempo podemos aferir isso exteriormente, tanto através dos relacionamentos pessoais quanto no trabalho, por meio do qual nos relacionamos com o mundo. Obviamente, nossos problemas pessoais e globais são altamente complexos e difíceis de ser compreendidos. Seria uma grande ingenuidade dizermos que a meditação pode resolvê-los imediatamente. No entanto, *apenas imagine*, tal como John Lennon sugeriu. Se a maioria da humanidade meditasse duas vezes ao dia, se todas as escolas ensinassem a meditação desde a primeira série, se todas as cúpulas políticas fossem iniciadas com um período de meditação, se os mercados meditassem antes de iniciar suas operações, se os médicos, terapeutas e pacientes incluíssem o silêncio nos períodos que compartilham, não seria o mundo um lugar mais saudável? A violência, que degrada tanto vencidos quanto vencedores, seria reduzida porque controlaríamos melhor o estresse que leva à raiva. Isso não costuma acontecer, mas bem que poderia ser assim, e nós podemos procurar elevar o nível de consciência espiritual a partir das redes e das comunidades que sabem disso. Um dia poderemos vislumbrar como a humanidade, com sua irredutível diversidade, é, em essência, uma paróquia global. Mesmo que essa visão leve um longo tempo para se realizar, faríamos um grande bem se a afirmássemos.

A meditação é pessoal, até mesmo solitária, mas não é uma atividade privada. Na verdade, de indivíduos isolados ela nos transforma em pessoas relacionais. A meditação, portanto, influencia o mundo e seus caminhos. É amplamente aceito que a mais recente crise financeira, de uma série que se repete ao longo da década, tenha sido causada pela cobiça por lucro de curto prazo não regulamentada, por ideias que não guardam relação alguma com a riqueza real. Ideias administrativas abstratas acerca de derivativos e de hipotecas de alto risco geraram complexos instrumentos financeiros, que nem mesmo os próprios autores podiam compreender completamente e muito menos controlar. Nenhum deus solucionará isso por nós. Só mesmo a experiência de Deus e nossa própria bondade podem solucionar as consequências de nossas fantasias e de nossa carência de virtudes comuns. A própria oração pura nos modifica, porque nos torna reais e nos simplifica. O colapso financeiro do crédito e da probidade foi gerado por uma falência das virtudes que necessitamos para o equilíbrio e a saúde: moderação, prudência e justiça. Essas virtudes são, pela própria acepção da palavra, *forças* da alma. Somos projetados para desenvolvê-las. A meditação faz germinar as sementes dessas virtudes que nos são inerentes, reforçando-nos, assim, para resistirmos às vozes mentirosas dos vícios que lhes fazem oposição.

Em última instância, se deixarmos que a complexidade se desenvolva sem restrições, ela explodirá, e tal como o mal ela se autodestruirá, levando consigo muito do que estiver em seu raio de ação. Os danos colaterais que se seguem a uma crise financeira ou a uma violenta revolução política são parecidos aos de uma catástrofe natural. Sendo extensos, demandam muitos anos de reparação. Não podemos impedir a ocorrência de um tsunami ou de um terremoto, mas podemos controlar a nós mesmos. Só precisamos aceitar as nossas limitações com a fé em nosso potencial de transcendê-las. A ilusão corrosiva é a de que podemos nos opor à mortalidade, ignorando as limitações do mundo material. A meditação nos ajuda a enxergar o horizonte e a agir com uma noção de perspectiva e proporção quando mantém a morte à frente de nossos olhos, tal como São Bento e o Buda recomendavam. A alternativa é a de ficarmos presos ao ciclo de ilusão e desilusão. Abrindo a caixa de Pandora, tal como fazemos com a economia imaginária, o conflito violento ou a exploração dos fracos liberta os demônios da complexidade e da divisão, que hoje podem desencadear rapidamente a desordem e o sofrimento em escala global. Quase tudo o que fazemos nesses campos é feito em escala global. Portanto, a nossa interdependência tanto pode ser uma bênção quanto uma maldição.

Financeira, social, política ou ecologicamente, as nossas crises ilustram um conflito de desejos contraditórios. Queremos muitas coisas e não podemos ter todas elas. Muitas vezes elas são tão contraditórias entre si, que jamais poderiam ser satisfeitas. Se algo que uma criança de dois anos quer lhe for negado, ela se enfurecerá e gritará. O mesmo pode acontecer com um consumidor pouco esclarecido. A frustração, que caracteriza a complexidade moderna, alimenta a raiva antissocial que toma conta da psique urbana, particularmente entre os jovens.

A escalada da complexidade está na raiz de nossas crises. Ela embaça a visão da realidade e gera uma ansiedade endêmica. A tecnologia da informação produz ferramentas que prometem aliviar, mas estas frequentemente exacerbam a complexidade e o estresse, e acabamos nos sentindo cada vez mais estranhos à sabedoria que poderia nos salvar. O primeiro protesto contra a perda da sabedoria foi o movimento do Romantismo dos séculos XVIII e XIX. Esquecemos que nos primórdios do Romantismo não havia escapistas, senão políticos e ativistas sociais radicais. Quando Keats dizia: "Oh, pela vida das sensações, em lugar dos pensamentos", ele protestava contra o deslocamento cultural da sensibilidade, que hoje atinge níveis críticos com o aperfeiçoamento da técnica da realidade virtual. William Blake e D.H. Lawrence, à sua maneira, atacaram a falta de humanidade causada pelo desenvolvimento técnico descontrolado.

A tecnologia e a ciência nos trouxeram muitos benefícios. Porém, pagamos caro por isso. Muitas pessoas sentem que o preço é insustentável e injustificável: as burocracias que despersonalizam, a erosão dos direitos civis, a comercialização da infância, a mercantilização do sexo, a redução da educação às necessidades econômicas. Passaram a ser comuns a raiva e a depressão, reações psicologicamente ligadas a esses desenvolvimentos sociais. Quando confrontados com a mentira e a injustiça, os profetas devem se enfurecer; assim, no começo da industrialização, Blake se mostrou indignado com a feiura da tecnologia e com a exagerada racionalização da vida mediante palavras que falam conosco ainda hoje. Neste mundo novo, em que o tempo perdeu a dimensão sagrada, tornando-se equiparado ao dinheiro, e em que todas as coisas se tornaram tão obcecadas pelo desempenho econômico, a fé, que precisa de espaço para respirar e beleza para florescer, encolheu-se na crença. Isso se tornou evidente aos poetas e filósofos já no início da era industrial, há dois séculos. Na atual era digital os riscos para a sobrevivência são ainda maiores.

Encantamo-nos com a tecnologia que cabe na palma de nossa mão e que reproduz a realidade para nós ou possibilita a comunicação instantânea. Retiramo-nos para mundos alternativos no computador, tais como o *Second Life*, em que as pessoas que chegam em casa do trabalho vão direto para uma existência paralela virtual. Com todos os seus benefícios, a tecnologia é capaz de nos seduzir tal qual ídolos do passado. Pode tirar nossa incapacidade de nos encantarmos com o original das coisas que nossas telinhas reproduzem. A oração do Upanixade por realidade e a descrição da idolatria nos salmos possuem uma relevância pungente em nosso tempo:

> Conduza-me do irreal para o real; conduza-me das trevas para a luz (Brihadaranyaka Upanixade).
>
> Têm boca mas não falam; têm olhos, mas não veem (Sl 135,16).

*

Dirigimos toda oração a uma elevada percepção da realidade, querendo alcançá-la. Se a fizermos com sinceridade, irresistivelmente será respondida. A essência de toda oração é a atenção e, assim, é por meio da oração pura, o simples trabalho da atenção, que nos damos conta de que aquilo que a oração garante, aquilo para cuja obtenção deveríamos estar orando, é o dom da oração. Só então poderemos passar do irreal para o real, recuperando a *primeira vista*.

Atenção significa mais do que a capacidade de concentração necessária para que passemos nos exames ou para aprendermos o vocabulário de uma nova língua. A meta de toda educação centrada na pessoa está em aprendermos a prestar atenção. Faz-se necessária uma capacidade de atenção continuada para a compaixão, para o relacionamento e para restaurarmos a inteireza de nosso núcleo. A distração crônica e a superficialidade de grande parte da cultura popular é um sintoma da atual crise. Nunca foi tão óbvio que a espiritualidade é que dirige o curso do mundo material. O encolhimento do período de atenção da consciência moderna parece estar ligado ao alto índice de fracasso nos relacionamentos fiéis de longo prazo. A ruptura na fidelidade – isto é, a atenção que estendemos ao outro no amor – faz com que muitos indivíduos e famílias mergulhem na catástrofe, que é um estado muito pior do que a crise. Esta, quando adequadamente aceita, conduz ao crescimento; a catástrofe, ao contrário, arruína vidas e pode conduzir ao colapso.

O ensino da meditação às crianças não é somente bom para que elas lancem as bases de uma disciplina que será vital para a sua vida futura. É bom para nós, também, porque ao ensinarmos as crianças a meditar reaprendemos o significado da atenção. Recordaremos que a meditação é simples e natural, e que ela não é competitiva. Assim, mesmo que nunca venhamos a ser meditantes perfeitos, podemos fazê-la aproveitando a capacidade e a atração natural que, tão evidentemente, as crianças demonstram em relação à meditação e que se mantêm inerentes ao adulto, por mais que ele esteja revestido de camadas de distração e ansiedade. Levamos algum tempo para perceber em nós os frutos da prática, mas nas crianças eles são aparentes desde o começo.

A atenção purifica; a fé une. A recuperação do equilíbrio (temperança), da prudência (sabedoria), da justiça e da força interior, as tradicionais "virtudes cardeais", são as prioridades morais para um mundo crescentemente globalizado mas perigosamente dividido. Isso se tornou tão óbvio depois da recente carnificina financeira, que aquilo a que chamamos "espiritualidade" deixou de ser embaraçoso para os líderes de instituições sociais: medicina, educação e administração. A volta ao que é espiritual, numa cultura tão orientada para a instrumentalidade (uso, exploração e descarte), carrega o perigo de que a prática espiritual passe a ser vista como uma técnica de relaxamento ou de autoterapia. A meditação precisa ser praticada, mas primeiramente precisa ser bem ensinada.

Talvez estejamos iniciando, desajeitadamente, uma nova era da cultura humana, consciente de nossa unidade e, após um longo período de adormecimento, novamente aberta ao significado da fé. Talvez estejamos recuperando novamente o dom e o pasmo da *primeira vista*, conhecendo as coisas com a sabedoria de uma criança, que vê o mundo com novos olhos. Mesmo que haja apenas um fraco entendimento da dimensão espiritual da transcendência e da compaixão, trata-se de um despertar nas instituições de uma cultura que se tornou obcecada pelo lucro a qualquer custo. É um começo. A globalização, tudo indica, é uma força irreversível na economia mundial, mas, ainda que possa ser uma preparação para um nível de unidade mais elevado, não significa unidade. De fato, sem que haja um despertar espiritual para combinar uma expansão interior com o crescimento exterior da atividade humana, uma economia global poderá ser a causa de conflito global, em escala até agora inimaginável.

Poderíamos satisfazer a necessidade que temos de recuperar aquilo que John Main chamou de "princípio de unidade em nosso interior" por meio de uma prática simples de quietude e atenção. É um princípio de caráter universal e indica que toda pessoa, independentemente de suas posses ou padrão cultural, é um ícone da divindade. O mais pobre agricultor da Índia ou da África, ou um conceituado cientista, um estadista ou financista internacional que vivam em um condomínio fechado, com suas famílias privilegiadas, ou uma trabalhadora doméstica migrante, há anos separada da família no estrangeiro, podem meditar, e podem fazê-lo em grupo, porque todo ser humano é, igualmente, um verdadeiro ícone da divindade. Aquilo que o Programa de Doze Passos demonstra acerca da democracia do processo de recuperação terapêutica, o grupo de meditação pode demonstrar acerca da unidade da família espiritual humana.

Atualmente é mais fácil perceber a relação existente entre a meditação e o trabalho, especialmente aquele trabalho que seja honesto, bom e significativo. À medida que a natureza do trabalho se modifica, na esteira da tecnociência[7], o questionamento do que seja um bom trabalho nos pressiona. Para muitas pessoas, a dignidade de ganhar seu próprio dinheiro lhes é negada. "Feliz é a pessoa que encontra o seu trabalho", nos diz o Upanixade. E, continua: "Mais feliz ainda é aquele que sabe que o silêncio é trabalho". O trabalho interior de fé, que é a disciplina da meditação, influencia o conceito que temos de labor e remuneração diários.

A vida e o trabalho que carecem desse senso interior de significado desmoronam para dentro dos estreitos limites do ego do indivíduo. Perdem-se o equilíbrio, a sabedoria e a integração. Trabalhamos até morrer, ou, se o trabalho nos for negado, nos dirigimos à morte por meio da distração. Seja ele interior ou exterior, o trabalho não serve apenas à autossatisfação, ou, digamos, que ele nos

---

7. Tecnociência é um conceito amplamente utilizado na comunidade interdisciplinar de estudos de ciência e tecnologia para designar o contexto social e tecnológico da ciência. O termo indica um reconhecimento comum de que o conhecimento científico não é somente socialmente codificado e socialmente posicionado, mas sustentado e tornado durável por redes materiais não humanas. O termo "tecnociência" foi criado pelo filósofo belga Gilbert Hottois em fins dos anos de 1970 [N.T.].

preencha porque serve à autodoação. Ele é realizado na comunidade, testado na solitude, refinado nos erros, como também nos avanços. Os frutos do bom trabalho são a integração pessoal e a união com as outras pessoas.

*

"Onde o Espírito estiver, haverá unidade", diz São Paulo. Trata-se de uma sabedoria universal que é expressa em todas as tradições religiosas. Mais uma vez, dos upanixades, com sua percepção da reunião de todos juntos no espírito:

> Radiante em sua luz, ainda que invisível no local secreto do coração, o espírito é a morada suprema onde vive tudo o que se move, e respira, e vê. Conhece-o, como tudo o que é, e tudo o que não é, o fim da saudade do amor, o que está além de todo entendimento, o mais elevado de todos os seres[8].

É esse discernimento da unidade, no coração da realidade, que a meditação pratica. No núcleo de toda religião ensina-se um caminho de fé, que é o caminho do silêncio, da imobilidade e da simplicidade. Se o vivenciamos como uma prática diária ele equilibra a mente consciente, racional, planejadora, julgadora e instrumental com aquilo que é mais profundo do que o pensamento ou a imagina-

---

8. Mundaka Upanixade (2, 2) [N.T.].

ção. Nossos ancestrais neolíticos se reuniam diariamente ao nascer e ao pôr do sol em volta de seus círculos de pedra ou ao lado de seus menires. Nós esquecemos quais eram as suas crenças, mas aqueles locais sagrados são um lembrete de sua fé e da maneira pela qual eles davam as boas-vindas ao nascimento de cada dia e se sentiam abençoados pela triste beleza de seu fim.

Sempre que dizemos estar ocupados demais para meditar pela manhã e à tardinha, estamos sendo mais evoluídos, mais conscientes e mais civilizados do que eles eram? A civilização se apoia na fé, não na tecnologia. A fé leva a acreditar na bondade e na igualdade humana, a acreditar em nosso próximo, levando a uma percepção da bondade comum, em lugar de só levar vantagem egoísta, a uma paixão pela justiça e a uma coragem para estendermos a compaixão aos que estão vulneráveis. Ela capacita para o perdão e a paciência em tempos de traições e conflitos.

A civilização também se apoia na contínua fé no futuro, acreditando que há uma razão para tudo, que não alcançamos a perfeição, mas que não desistiremos. "Não somos obrigados a ter sucesso, mas Deus não permite que desistamos." A sociedade civilizada se apoia na crença, nascida da fé, de que temos algo que vale a pena para deixarmos para a próxima geração, para que ela o aperfeiçoe melhor do que nós fomos capazes de fazer.

A meditação começa e termina na fé. Ela expressa a unidade de todos no espírito, assim como o fazem, de fato, todos os atos sagrados que se inspiram no amor e na compaixão. A meditação, como podemos atestar, gera comunidade, vivenciada no profundo silêncio de estarmos juntos. O que o silêncio promove é a transformação da consciência, e o surgimento de uma mente católica, porque o que é católico não conhece fronteiras e busca se integrar a todos.

O mundo moderno, que está em crise, necessita dessa mente católica que existe em nossa natureza profunda: a consciência universal. Trata-se de vermos com novos olhos a primordial e suprema unidade da humanidade e nossa unidade com o cosmos. O significado da plenitude não pode ser medido por nada menos do que essa unidade.

Toda expressão da fé aponta nessa direção. Eis a maneira como o cristão vê isso:

> Até que alcancemos todos nós a unidade da fé e do pleno conhecimento do Filho de Deus, o estado de homem perfeito, a medida da estatura da plenitude de Cristo (Ef 4,13).

Dentro de um espírito de amor nos desenvolvemos completamente para aquilo que o Cristo é. O novo ser que se forma, à medida que nos desenvolvemos na fé, está permeado por Cristo, o novo Adão, que recapitula, assume toda a matéria e a eleva à incandescência do espírito. Então, aquilo que conhecemos como sendo dividido, será unido; aquilo que sofremos como sendo discórdia, tornar-se-á paz.

*

Ao final, se houver um final, a unidade florescerá no silêncio, naquele silêncio que experimentamos na meditação. A unidade é autorreparadora, ilimitada. À medida que ela se torna mais consciente aprendemos a viver melhor com as contradições, conflitos e sofrimentos do mundo da dualidade, gerado pela mente que é dual. Vemos este mundo na experiência da não dualidade, e a condição quebrada em que ele se apresenta passa a ser uma oportunidade da graça, de servir aos outros, de curar, de amar.

Toda tradição espiritual está colocada na cúspide dessa unidade. Vemos em Jesus, explicitamente, o paradoxo da morte e ressurreição que está no coração do mistério; passamos por esse paradoxo para entrarmos no conhecimento salvífico. A consciência humana brota dessa sabedoria, e não podemos fugir da família humana, ou de sua lei, assim como não podemos fugir da cultura e da família de sangue, na qual nascemos. A unidade é o nosso destino comum, mas morremos para nós mesmos, de modo a alcançá-la.

Jesus vivenciou essa unidade com o "Pai" mesmo antes de sua morte; aparentemente, isso permeava tudo o que Ele sentia, pensava, falava e fazia. No entanto, teve que morrer e passar pelo estado de separação e pela experiência de perda total. Até mesmo, teve que se sentir abandonado pelo Pai e ser jogado na *kenosis*, a suprema vacuidade, antes que pudesse chegar à plenitude da união. Esse é o paradoxo humano pelo qual todos nós, individualmente, temos que passar. Não se trata de chamariz de manchetes. Não é algo que se possa vender com base nos benefícios instantâneos que acarreta. Não é algo que se possa transformar em um programa ou uma mercadoria que se possa vender. No entanto, vivemos nesse mistério, todos os dias, a partir da fé. O cristão se conscientiza de que pode compartilhar aquilo que Juliana de Norwich chama de sede espiritual de Cristo. Trata-se da saudade do amor que estará sempre presente até que a "humanidade se torne um". A sede dele e a saudade do amor, ela diz, é a de nos ter todos juntos, inteiros nele, em sua alegria. A sede espiritual dura, nele, enquanto necessitarmos, e nos atrai para as alturas de sua bem-aventurança. O significado da fé é a insaciável e inextinguível saudade que o coração humano sente pela união com aquele poder do amor, que tanto é criador quanto curativo, que o coração descobre que está sendo derramado dentro dele mesmo; um poder pelo qual ele se apaixona, repetidamente, mas que nunca entenderá completamente e que, a cada vez, ele o vê pela primeira vez.

Posfácio

A fé é mais do que crença. Porém, ter fé é acreditar na jornada da vida, encarada como um caminho de fé. Isso significa apenas que toda fé, num certo sentido, começa com um ato de fé do indivíduo em si mesmo. É por essa razão que sempre me referi à meditação, porque, para nos sentarmos em meditação não precisamos de qualquer sistema de crenças, mas, para perseverar nela, certamente precisamos ter fé em nós mesmos. É assim que a jornada tem início, e se mantém, reinventando-se. Visto que a fé, acima de tudo, refere-se a relacionamento, comprometimento e transcendência, assim, uma vida fiel começa com a autoaceitação e cresce por meio da descoberta da capacidade que temos de deixar o eu para trás.

A comunidade, assim como o casamento e outras instituições civilizadas, é um produto da fé, é o contexto no qual nos desenvolvemos. À medida que nos tornamos parte da comunidade, aquilo que acontece a ela acontece conosco, e aquilo que nos acontece passa a ser sentido pela comunidade. A melhor metáfora para isso, tal como São Paulo a fez, é o corpo.

Depois de ver nossa comunidade crescer durante vinte anos, de modo que nunca cheguei a prever, comecei a me perguntar para onde estamos indo. A simplicidade do ensinamento continuou sendo o valor-raiz, mas ele gerou muitas ramificações que apertavam as mãos de muitos ramos de árvores vizinhas. O futuro está sempre conosco, mesmo quando procuramos viver o momento presente. As pessoas começaram a perguntar com mais frequência sobre "o que acontecerá quando, algum dia, o avião de Laurence cair?" Mesmo deixando de lado um planejamento de sucessão, estava claro que algumas estruturas da comunidade precisavam ser atualizadas, de modo a acomodar o novo crescimento.

Por um bom tempo eu não tive respostas para essa fase de nossa jornada. Na Ilha de Bere, meu eremitério-base, caminhava pelas escarpas, procurava padrões reveladores no mar que se estendia em direção a um horizonte sempre mutável e ponderava as alternativas. Perguntei-me se deveria apenas permanecer ali, ainda que a hora não parecesse ser a mais adequada para isso. Então, a necessidade de mudarmos nossa comunidade de jovens meditantes para um novo local em Londres tornou-se o catalisador do desenvolvimento daquilo que seria a coisa certa a ser feita naquele momento: a visão do *Meditatio*, o programa de extensão da Comunidade Mundial para a Meditação Cristã.

Os seminários do *Meditatio* estão promovendo um amplo diálogo, no qual nossas ramificações podem dar alguns frutos nos campos seculares da educação, da saúde mental, da liderança, da administração e da crise ambiental. O trabalho do *Meditatio* no desenvolvimento de redes espirituais para os jovens e uma base de formação pessoal para alguns deles também fazem parte da visão do *Meditatio*. E a nossa tecnologia de comunicação, com a presença na internet, tornou-se divertida e frutífera.

O *Meditatio*, portanto, parece-se com um outro começo e, talvez, a fé seja uma jornada de começos sem fim. Ela cresce e nos leva adiante por meio de surpresas quando dobramos esquinas que acreditávamos levar a becos sem saída. Muitas vezes, também, o que acontece no momento parece evocar fases anteriores da jornada. Às vezes sentimos como se devêssemos repetir aquilo que não havia sido completamente compreendido no passado ou corrigir erros já esquecidos. Recebemos, sim, segundas oportunidades, ainda que as melhores delas só as entendamos como tal quando as olhamos em retrospectiva. No entanto, também de maneira muito estranha, à medida que eu reconheço na memória ativa as ressonâncias, os ecos e os paralelos daquilo que estamos fazendo hoje, com a maneira pela qual começamos, pergunto-me se começo e fim são termos adequados para descrever o caminho da fé; se alguma coisa entre os dois não seria, de fato, apenas o desdobramento de algo incrivelmente óbvio e presente.

Começando a meditar

O que é a meditação?

A meditação é uma sabedoria espiritual universal que, no silêncio, imobilidade e simplicidade, conduz-nos da mente para o coração. Possui muitas expressões e nomes. Na tradição cristã é também chamada de oração do coração ou oração contemplativa.

O caminho prático de meditação, que John Main ensinava, é o da fiel repetição de uma frase de oração, ou um mantra, como ele o chamava. Ele reencontrou esse caminho de oração nos ensinamentos dos primeiros cristãos, os Pais e as Mães do Deserto. No século IV eles se retiravam principalmente para o Deserto do Egito, motivados a viver uma vida cristã autêntica, diretamente baseada nos ensinamentos de Jesus nos evangelhos.

A palavra que John Main recomendava é "Maranatha". Ele a escolheu porque se trata da mais antiga oração cristã em aramaico, que era a língua que Jesus falava. Adicionalmente, a palavra não nos apresenta associações, de modo que não será combustível para a nossa mente, tão desejosa de continuar a pensar. A repetição fiel e amorosa dessa oração nos leva à imobilidade de corpo e de mente, e nos ajuda a entrar no silêncio que habita o centro de nosso ser. O famoso místico do século XIV, Mestre Eckhart, dizia: "não há nada mais parecido com Deus do que o silêncio". Na fé cristã, Cristo habita ali, no silêncio do verdadeiro centro de nosso ser, e é ali que entramos na oração de Jesus. No último livro de sua autoria, *O momento de Cristo*", John Main disse:

> Estamos convencidos de que a mensagem central do Novo Testamento é a de que existe, na verdade, apenas uma oração, e de que essa oração é a oração de Cristo. Trata-se de uma oração que continua em nossos corações dia e noite. Só posso descrevê-la como uma corrente de amor, que flui constantemente entre Jesus e seu Pai. Essa corrente de amor é o Espírito Santo.

Nosso primeiro alvo é o de passarmos a ser capazes de manter nossa mente no mantra durante o período de meditação. Isso, em si, já é bem difícil, na medida em que os pensamentos continuam afluindo. Nossa mente gosta de se dispersar em voos de fantasia pelas rotas da memória, ou em listas de todas as tarefas que precisamos fazer após a meditação. Precisamos apenas ser pacientes e gentis para conosco mesmos. Quando você se dá conta de que se perdeu em seus pensamentos, não se julgue nem se critique, mas suavemente conduza sua mente de volta à sua palavra-oração. Apenas aceite que isso seja natural e previsível. Sua mente é como um filhotinho de cachorro brincalhão, sempre disposto a escapar, em vez de ficar a seu lado. Você não ficaria zangado com um filhotinho, ficaria? Você iria suave e amorosamente incentivá-lo a voltar.

Enquanto fizer isso, sem que haja qualquer sensação de que está se forçando, sem utilizar o mantra como se fosse um bastão para com ele golpear seus pensamentos, pouco a pouco será capaz de repetir o mantra, sem se dar conta das distrações. Seus pensamentos poderão ainda estar ali, nos bastidores, mais como uma música de consultório médico, à qual não dá muita atenção. Quanto mais pratica, mais fácil se torna e logo, em vez de repetir a palavra, você terá a impressão de estar ouvindo-a; finalmente ela ressoará por si mesma em seu coração. Então, seu corpo e sua mente se tornam o aparente centro de seu ser, em harmonia e paz.

No livro *A palavra que leva ao silêncio*, John Main descreve isso da seguinte maneira:

> A superfície da mente está agora sintonizada com a profunda qualidade de paz, no âmago de nosso ser. Ela ressoa harmoniosamente por todo o nosso ser. Nesse estado, passamos além do pensamento, da imaginação e de todas as imagens. Nós simples-

mente repousamos com a Realidade, a presença realizada do próprio Deus, que habita nossos corações (p. 35).

A característica universal da meditação

A meditação é uma disciplina espiritual universal que é central à maioria das religiões mundiais e tradições da sabedoria. Existem muitas formas diferentes de meditação nessas várias tradições, todas igualmente válidas, à sua própria maneira. Todas elas enfatizam a prática e a experimentação, ao invés da teoria e do conhecimento.

Trata-se, também, de uma antiga e autêntica disciplina no cristianismo, ainda que, às vezes, isso possa parecer um dos mais bem guardados segredos do cristianismo. Jesus ensinava a contemplação, e é por essa razão que essa maneira de orar floresceu, especialmente no século IV, entre os Padres e as Madres do Deserto, que viviam com base nos exemplos de Jesus no Egito e na Palestina. João Cassiano relacionou os ensinamentos deles em seu livro intitulado *Conferências*. Foi nesses textos que John Main redescobriu a tradição e a tornou acessível a todas as pessoas, chamando-a de Meditação Cristã. Não se trata apenas da maneira pela qual oravam os Padres e as Madres do Deserto, mas, também, inúmeros místicos cristãos, durante todos esses séculos até os dias de hoje.

Trata-se também de um caminho de oração estabelecido muito antes da Reforma e da cisão entre o catolicismo romano e o cristianismo ortodoxo oriental. Trata-se, portanto, de uma bela via ecumênica em que oramos juntos.

Todos os caminhos de oração são válidos, mas a meditação é a dimensão perdida de grande parte da atual vida cristã. Ela não exclui outros tipos de oração e, na verdade, aprofunda a reverência pelos sacramentos e pela Escritura. Podemos captar a conexão que existe entre todas as formas de oração por meio da imagem da velha roda de madeira.

A roda serve ao propósito de movimentar a carroça. A oração é a roda que movimenta espiritualmente nossa vida na direção de Deus. Para que possa se mover a roda precisa estar em contato com o solo. Se ela não tocá-lo não pode movimentar a carroça; a roda simplesmente irá girar. Assim, deve haver em nossa vida cotidiana um período e um local real para nos doarmos à oração. Os raios da roda são como as diferentes formas de oração, todas válidas e eficazes. Temos a Eucaristia, a oração de intercessão, os sacramentos, a leitura da Escritura e as devoções pessoais. O que mantém os raios juntos é o cubo da roda que a gira; os raios convergem para o cubo central. Podemos pensar no cubo como sendo a Oração de Cristo que habita nossos corações. No cubo da roda há imobilidade; sem que haja o ponto imóvel no centro ela não pode girar.

A meditação é a chegada no ponto de imobilidade ao centro de nosso ser. Quando meditamos chegamos à imobilidade central, que é a fonte de todas as nossas ações, nossa movimentação em direção a Deus por meio de Cristo em nosso interior. O movimento da roda demanda imobilidade no centro. Esta é a relação existente entre a ação e a contemplação.

Como John Main aprendeu acerca da meditação?

John Main entrou em contato com a meditação a partir da tradição universal, quando servia no Serviço Colonial Britânico na Malásia. No curso de suas obrigações, ali ele se encontrou com Swami Satyananda, o fundador da Pure Life Society, que tinha uma vida de imensa generosidade e profundidade dedicada ao serviço aos outros. John Main ficou impressionado com a serenidade e a santidade daquele monge e, terminadas as suas funções oficiais, eles começaram a conversar a respeito da oração, especialmente acerca da maneira pela qual o Swami repetia um mantra ao longo de todo o período de sua meditação. Logo em seguida John Main se surpreendeu perguntando àquele homem se ele, como cristão, poderia aprender a orar dessa maneira. Rindo, o Swami disse-lhe que isso só poderia fazer dele um cristão melhor!

No livro *Meditação Cristã*, com as "Conferências de Gethsemani", John Main reconta como o Swami enfatizou a importância de meditar toda manhã e toda tarde, por meia hora, dizendo:

> Se você encarar isso seriamente, e se você quiser que esse mantra lance raízes em seu coração, então esse é o compromisso mínimo. [...] Durante seu período de meditação não deve haver pensamentos nem palavras nem imaginação. O único som será o som de seu mantra, sua palavra. É como um som harmônico. À medida que reverberamos esse harmônico em nosso interior começamos a formar uma ressonância. Essa ressonância, então, irá nos levar adiante, até nossa própria plenitude. [...] Começamos a vivenciar a profunda unidade que todos possuímos em nosso próprio ser. E, então, o harmônico começa a formar uma ressonância entre você, todas as criaturas e toda a criação, e uma unidade entre você e seu Criador.

Esse foi o início da jornada da meditação para John Main. A meditação conduz ao silêncio, que leva à oração contemplativa, profunda oração silente, o que passou a ser o principal esteio de sua vida de oração e de toda a sua existência, levando-o, finalmente, a se tornar um monge. Naquela época, a meditação não era considerada uma oração cristã válida, e ele precisou renunciar a ela por ocasião do noviciado, feito no espírito de obediência beneditina.

No entanto, sentiu muita falta dela, mas viu isso como uma maneira de aprender uma forma de desapego: *Aprendi a me desapegar da prática que me era mais sagrada, aquela sobre a qual eu buscava construir minha vida. Em lugar disso aprendi a construir minha vida sobre o próprio Deus.*

Muitos anos depois ele redescobriu nos escritos de João Cassiano (monge cristão, Padre do Deserto do século IV) a prática que o Swami lhe havia ensinado. Neles, tal como mais tarde escreveu nas *Conferências*, que ministrou no mosteiro de Thomas Merton, a Abadia de Gethsemani, ele leu acerca *da prática que utiliza uma única frase curta para atingir a imobilidade necessária à oração. Eu senti que havia chegado ao lar, uma vez mais, e voltei a praticar o mantra.*

Por que meditar?

O impulso para começarmos a meditar pode ser, muitas vezes, um momento em que nos confrontamos com algo fora do comum. Alguma coisa nos sacode, tirando-nos da percepção comum que temos da realidade. Pode muito bem ser um momento de crise, um grande evento da vida, um estágio qualquer de nossa existência em que a realidade aparentemente segura e imutável vira de "cabeça para baixo", quando, de maneira desconcertante: somos rejeitados por um indivíduo ou por um grupo; enfrentamos o fracasso, a perda da autoestima; perdemos o emprego de que gostávamos, ou de repente nossa saúde fica comprometida. O resultado tanto pode ser uma recusa a aceitar a mudança quanto um mergulho no negativismo, desconfiança e desespero. Ou, por outro lado, confrontados com o fato de que nossa realidade não é tão imutável quanto considerávamos, podemos nos elevar ao desafio de lançarmos um novo olhar para nós mesmos, nossa estrutura habitual, nossas opiniões e nossos valores.

Algumas vezes pode haver um momento de extraordinária beleza, que nos faz compreender que existem mais coisas do que aquelas que os olhos podem ver. Bede Griffiths nos dá uma descrição de como a percepção da Verdadeira Realidade não brotou de uma crise, mas da contemplação da natureza. No livro *The Golden String* ele descreve a maneira pela qual foi conduzido a um profundo sentimento de reverência ao presenciar o pôr do sol, pela beleza do canto da ave e de arbustos de espinheiros, enquanto uma cotovia "derramava sua música". Sentiu que "fora conscientizado de um outro mundo de beleza e de mistério" e, especialmente ao entardecer, também havia sentido em muitas outras ocasiões a "presença de um mistério impenetrável".

Nem sempre se trata de um momento assim tão dramático; a consciência da percepção varia de pessoa para pessoa, de momento para momento. Alguns de nós podem ter passado por um momento de transcendência, a consciência de uma realidade diferente, uma escapada da prisão do ego ao ouvir uma música, uma poesia ou absortos em uma obra de arte. Outros podem não ter jamais se dado conta de um verdadeiro momento de discernimento e, no entanto, em algum nível, terem um claro discernimento da existência de uma realidade mais elevada; sem perceberem, entram em um gradativo processo de crescente sintonia com essa realidade. Com pouco tempo de meditação podemos entrar em contato, frequentemente, com a experiência do surgimento de verdadeira paz e até alegria. Momentos como esses, em que nos libertamos da autopreocupação, são dons divinos.

Em todo caso, esse vislumbre não é o fim, mas o começo: um impulso para o crescimento. O anseio para conhecer mais acerca dessa realidade que intuímos torna-se mais forte e procuramos, à nossa volta, por aqueles que possam nos ajudar nessa aproximação. É nesse ponto que, muitas vezes, descobrimos a meditação, de uma forma ou de outra. Trata-se do início do trabalho de esclarecer e integrar a experiência e, assim, permitir a ascese à conscientização espiritual, à autenticidade pessoal e à verdade transpessoal.

O fato de que um discernimento, um vislumbre de uma outra realidade muitas vezes é o início de nossa jornada para uma oração mais profunda, também tem o significado de que não podemos trazer, para a meditação, alguém que já não tenha sentido esse anseio por "mais" em seu próprio ser. Quando meditantes se sentem chamados a iniciar um grupo, tudo o que se pode fazer é divulgar isso e convidar as pessoas. Não é nossa a responsabilidade de fazer com que aquelas que comparecem comecem a meditar como uma disciplina de oração. Não podemos "converter" as pessoas à meditação. Porém, podemos dar-lhes as boas-vindas, explicar e encorajá-las a tentar.

Como nos preparamos para a meditação?

João Cassiano sentou-se aos pés dos eremitas cristãos, nos desertos do Egito, para aprender acerca da oração, em uma autêntica vida cristã. Cassiano ressaltava que essa prática conduzia ao silêncio da oração "pura", oração contemplativa, sem palavras ou imagens. "Assim, a mente expulsa e reprime o rico e numeroso universo de assuntos de todos os pensamentos, restringindo-se à pobreza de um único verso." Ele continuava ressaltando a importância do mantra: "Esse mantra deve estar sempre em seu coração. Quando você for dormir, faça com que isso aconteça repetindo esse verso, até que, tendo sido moldado por ele, você se acostuma a repeti-lo até durante o sono".

No entanto, a simples repetição fiel de uma palavra-oração não é tão fácil como parece. Precisamos nos preparar para esse período; não podemos esperar que ficaremos completamente focados em nossa oração sem que haja uma preparação. Quando perguntaram a John Main como nos deveríamos preparar para a meditação, ele respondeu: "Por meio de muitas ações gentis". Precisamos ter a atitude mental correta; tentar meditar depois de uma discussão acalorada com alguém não vai funcionar, não é mesmo? Nossa vida comum e nossa vida de oração não estão separadas: "Você ora da mesma maneira que você vive", era um ditado popular entre os primeiros cristãos.

No mundo em que vivemos, nossas vidas tendem a ser atarefadas e estressantes. Se nos sentimos muito cansados poderá ser útil "tirarmos uma soneca" antes de nos entregarmos a nossas posturas da Ioga. Alguns alongamentos da Ioga, um ou dois movimentos do Tai Chi, também contribuirão para fazer com que as energias fluam. Do contrário, o que fizermos não passará de um "santo cochilo", e não há problema nisso, a não ser que venha acompanhado de um sonoro ronco! Este e outros barulhos que ocorrem durante a meditação, no entanto, podem ser excelente prática para nos desapegarmos de assuntos alheios e voltarmos suavemente a nos focar em nossa palavra. Os barulhos, como um todo, na verdade não nos perturbam, desde que não nos irritemos com eles. Precisamos apenas aceitar as coisas como são; sem julgar, sem criticar.

O motivo para nos sentarmos com as costas eretas, com os ombros para trás e relaxados é porque essa postura também nos ajuda a nos mantermos acordados: nosso tórax está livre e aberto, de modo que possamos respirar bem e o oxigênio fluir livremente por todo o corpo, mantendo-nos alertas. Relaxar e cair no sono, por mais que seja necessário, não é o objetivo da meditação; a atenção focalizada, que a meditação demanda, é, de fato, um caminho para o estado de alerta e energizado. Pode ser útil iniciarmos nossa sessão com alguns exercícios de respiração profunda, do tipo abdominal, que nos relaxa e nos energiza.

A tarefa essencial na meditação é "a de repetir a sua palavra". Esse é o foco. Como vimos anteriormente, a palavra que John Main recomendava é "Maranatha". Trata-se da mais antiga oração cristã em aramaico, que era a língua que Jesus falava. Nós a repetimos em quatro sílabas igualmente evidenciadas: ma-ra-na-tha. Não importa se você a pronuncia com um "th" do inglês ou com o som de "t". A pronúncia não é importante. O que importa é você repeti-la com atenção plena, fiel e amorosamente. Sempre que se distrair com seus pensamentos, apenas traga de volta a sua mente à palavra, suavemente. Para algumas pessoas é útil deixar que a palavra repouse na respiração, mas se isso for causa de distrações, apenas focalize sua palavra, repetindo-a na velocidade e na maneira que for melhor para você.

Sente-se, imóvel, com suas costas eretas. Feche os olhos suavemente e comece a repetir o seu mantra. Mantenha a mesma palavra ao longo de toda a meditação, dia após dia. Deixe que ela lance raízes em seu coração, e ela abrirá a graça da oração contínua durante o dia e a noite. Abandone todos os pensamentos (tanto os bons quanto os maus). Medite duas vezes ao dia, pela manhã e ao anoitecer. Estes são os melhores horários. Se você sente que deseja, mas não encontra tempo, aprenda de alguém que seja mais ocupado do que você e que sempre tem tempo, todos os dias. Não avalie ou analise demais a sua meditação. Permita que ela se torne um caminho de fé, tanto interior quanto exterior.

A Comunidade Mundial para a Meditação Cristã e *Meditatio*[9]

A comunidade tomou forma em 1991, inspirada na visão de John Main. Ela dá continuidade a seu trabalho de ensinamento da Meditação Cristã e ao trabalho de restauração da dimensão contemplativa como sendo central e essencial a toda espiritualidade cristã.

John Main, um monge beneditino, recuperou uma prática meditativa simples da tradição contemplativa do cristianismo e, mais importante, disponibilizou-a para todos. Ele iniciou esse trabalho em 1975, ao fundar o primeiro Centro de Meditação Cristã em Londres. Ao falecer, em 1982, foi sucedido por Laurence Freeman – monge beneditino, autor desta obra e atual diretor da Comunidade Mundial para a Meditação Cristã. Essa comunidade é ecumênica e contemplativa, com forte compromisso para com o diálogo inter-religioso e com ênfase na conexão entre a contemplação e a ação.

A Comunidade Mundial para a Meditação Cristã está presente em mais de cem países. Mais de 2.000 grupos se reúnem semanalmente em lares, igrejas, centros comunitários, hospitais, asilos, escolas, penitenciárias, universidades e locais de trabalho. Esses grupos, forma-

---

9. Cf. www.wccm.org

dos por pessoas de todas as classes sociais e comprometidas com uma prática diária de meditação, são a base da comunidade. A comunidade tem seu centro internacional, o Centro de Meditação Cristã de Londres e Centro Meditatio em Londres; o Centro John Main para a Meditação e o Diálogo Inter-religioso na Universidade de Georgetown, EUA, ao lado de muitos outros centros que se prestam ao trabalho da comunidade em diferentes partes do mundo. A comunidade, dessa maneira, é um "mosteiro sem paredes", uma família global de comunidades emergentes e nacionais.

Por ser ecumênica, a comunidade se presta a uma unidade universal "católica", no seu diálogo com igrejas cristãs, tanto quanto com outras manifestações de fé. Alimenta o diálogo inter-religioso, tendo se reunido, nos últimos anos, principalmente com budistas e muçulmanos. Incentiva e dá apoio à prática diária da meditação, por conhecer o seu poder de modificar os corações e, assim, transformar o mundo.

Três eventos anuais estão entre os maiores eventos internacionais, a saber, o John Main Seminar, The Way of Peace e o retiro de silêncio em Monte Oliveto Maggiore, na Itália. Há um rico e variado programa de retiros, conferências, seminários, workshops e grupos em muitos países, refletindo sobre as carências e os interesses locais.

O ensino de meditação às crianças é um importante desenvolvimento recente, cuja iniciativa pioneira se deu na Diocese Católica de Townsville, Austrália. O Medio Media é o braço de comunicação e publicações que oferecem uma ampla gama de livros, CDs, DVDs e vídeos de apoio à prática da meditação. Alguns deles foram traduzidos em 17 idiomas.

O *Meditatio* é a nova extensão da comunidade, compartilhando e disseminando os frutos da meditação com o mundo. Lançado em 2010 com um programa para três anos, o *Meditatio* inclui uma série de seminários e workshops de interesse contemporâneo, focalizando temas da área da educação, administração e finanças, saúde mental, meio ambiente e cidadania, colaboração e amizade inter-religiosa.

Assim, a vida de uma comunidade contemplativa cristã inclusiva leva os frutos do Espírito a entrarem em contato com os problemas e crises de nosso tempo.

CENTROS E CONTATOS DA WCCM AO REDOR DO MUNDO

Caso deseje receber mais informações acerca da Comunidade, seus trabalhos e publicações, por gentileza, entre em contato com:

International Centre
The World Community for Christian Meditation

St Mark's, Myddelton Square
London EC1R 1XX, UK
Tel +44 20 7278 2070
Fax +44 20 7713 6346
welcome@wccm.org
www.wccm.org

No caso de países não incluídos na lista abaixo, entre em contato com o International Centre ou visite www.wccm.org
África do Sul: www.wccm.co.za
Alemanha: www.wccm.de
Argentina: meditacioncristianagrupos.blogspot.com
Austrália: www.christianmeditationaustralia.org
Bélgica: www.christmed.be
Brasil: www.wccm.com.br
Canadá Francês: www.meditationchretienne.ca
Canadá Inglês: www.meditatio.ca
China: www.wccm.hk
Cingapura: www.wccmsingapore.org
Espanha: www.meditaciocristiana.cat
Estados Unidos: www.wccm-usa.org
França: www.meditationchretienne.org
Holanda: www.wccm.nl
Hong-Kong: www.wccm.hk
Índia: www.wccm-india.org
Indonésia: www.meditasikristiani.com
Irlanda: www.christianmeditation.ie
Itália: www.meditazionecristiana.org

Malásia: wccm.malaysia@gmail.com
México: www.meditacioncristiana.com
Nova Zelândia: www.christiameditationnz.org.nz
Polônia: www.wccm.pl
Portugal: www.meditacaocrista.com
Reino Unido: www.christian-meditation.org.uk
Suíça: deborah.walton@gmail.com
Tailândia: bkkemilie@gmail.com
Venezuela: www.meditadores.blogspot.com

SUGESTÕES DE LEITURA

Você poderá encontrar muitos recursos no website da WCCM, tanto para começar a meditar quanto para continuar meditando: www.wccm.org

Meditação

FREEMAN, L. *Perder para encontrar*. Petrópolis: Vozes, 2008.

_____. *Jesus o mestre interior*. São Paulo: Martins Fontes, 2004.

_____. *Prática diária da Meditação Cristã*. São Paulo: Paulus, 2004.

_____. *A luz que vem de dentro*. São Paulo: Paulus, 1989.

MAIN, J. *Silence and Stillness in Every Season*: Daily Readings. Singapura: Medio Media, 2010.

_____. *O caminho do não conhecimento*. Petrópolis: Vozes, 2009.

_____. *Monastery Without Walls*. Norwich: Canterbury Press, 2006.

_____. *Momento de Cristo*. São Paulo: Paulus, 2004.

_____. *Meditação Cristã*. São Paulo: Paulus, 2004.

_____. *A palavra que leva ao silêncio*. São Paulo: Paulus, 1987.

NG, P. (org.). *The Hunger for Depth and Meaning*. Singapura: Medio Media, 2008.

A tradição do deserto

GRUEN, A. *Os Padres do Deserto*. Petrópolis: Vozes, 2009.

JOÃO CASSIANO. *Da oração*. Petrópolis: Vozes, 2008.

_____. *Conferências*. Juiz de Fora: Mosteiro da Santa Cruz, 2003.

WILLIAMS, R. *Silence and Honey Cakes*. Oxford: Lion Hudson, 2004.

Diálogo inter-religioso

FREEMAN, L. *Common Ground*. Nova York: Continuum, 2000.

GYATSO, T. *O Dalai Lama fala de Jesus*. Rio de Janeiro: Fisus, 2000.

Religião e sociedade

CAYLEY, D. *The Rivers North of the Future: The Testament of Ivan Illich*. Toronto: Anansi, 2005.

ROHR, R. *A Lever and a Place to Stand*. Nova York: Paulist Press, 2011.

TAYLOR, C. *A Secular Age*. Cambridge: Harvard University Press, 2007.

_____. *Sources of the Self: The Making of the Modern Identity*. Cambridge: Cambridge University Press, 1989.

WEIL, S. *Waiting for God*. Nova York: Harper, 2009.

CULTURAL

Administração
Antropologia
Biografias
Comunicação
Dinâmicas e Jogos
Ecologia e Meio Ambiente
Educação e Pedagogia
Filosofia
História
Letras e Literatura
Obras de referência
Política
Psicologia
Saúde e Nutrição
Serviço Social e Trabalho
Sociologia

CATEQUÉTICO PASTORAL

Catequese
   Geral
   Crisma
   Primeira Eucaristia

   Pastoral
   Geral
   Sacramental
   Familiar
   Social
   Ensino Religioso Escolar

TEOLÓGICO ESPIRITUAL

Biografias
Devocionários
Espiritualidade e Mística
Espiritualidade Mariana
Franciscanismo
Autoconhecimento
Liturgia
Obras de referência
Sagrada Escritura e Livros Apócrifos

   Teologia
   Bíblica
   Histórica
   Prática
   Sistemática

VOZES NOBILIS

Uma linha editorial especial, com importantes autores, alto valor agregado e qualidade superior.

REVISTAS

Concilium
Estudos Bíblicos
Grande Sinal
REB (Revista Eclesiástica Brasileira)
SEDOC (Serviço de Documentação)

VOZES DE BOLSO

Obras clássicas de Ciências Humanas em formato de bolso.

PRODUTOS SAZONAIS

Folhinha do Sagrado Coração de Jesus
Calendário de Mesa do Sagrado Coração de Jesus
Folhinha do Sagrado Coração de Jesus (Livro de Bolso)
Agenda do Sagrado Coração de Jesus
Almanaque Santo Antônio
Agendinha
Diário Vozes
Meditações para o dia a dia
Guia do Dizimista
Guia Litúrgico

CADASTRE-SE
www.vozes.com.br

EDITORA VOZES LTDA.
Rua Frei Luís, 100 – Centro – Cep 25689-900 – Petrópolis, RJ – Tel.: (24) 2233-9000 – Fax: (24) 2231-4676
E-mail: vendas@vozes.com.br

UNIDADES NO BRASIL: Aparecida, SP – Belo Horizonte, MG – Boa Vista, RR – Brasília, DF – Campinas, SP
Campos dos Goytacazes, RJ – Cuiabá, MT – Curitiba, PR – Florianópolis, SC – Fortaleza, CE – Goiânia, GO
Juiz de Fora, MG – Londrina, PR – Manaus, AM – Natal, RN – Petrópolis, RJ – Porto Alegre, RS – Recife, PE
Rio de Janeiro, RJ – Salvador, BA – São Luís, MA – São Paulo, SP
UNIDADE NO EXTERIOR: Lisboa – Portugal